完司《かんじ》さんの戦争

越智典子

偕成社

もくじ

MAP

◎地名は完司さんが滞在していた当時のもの

（国名の下の年号が完司さんの滞在年）

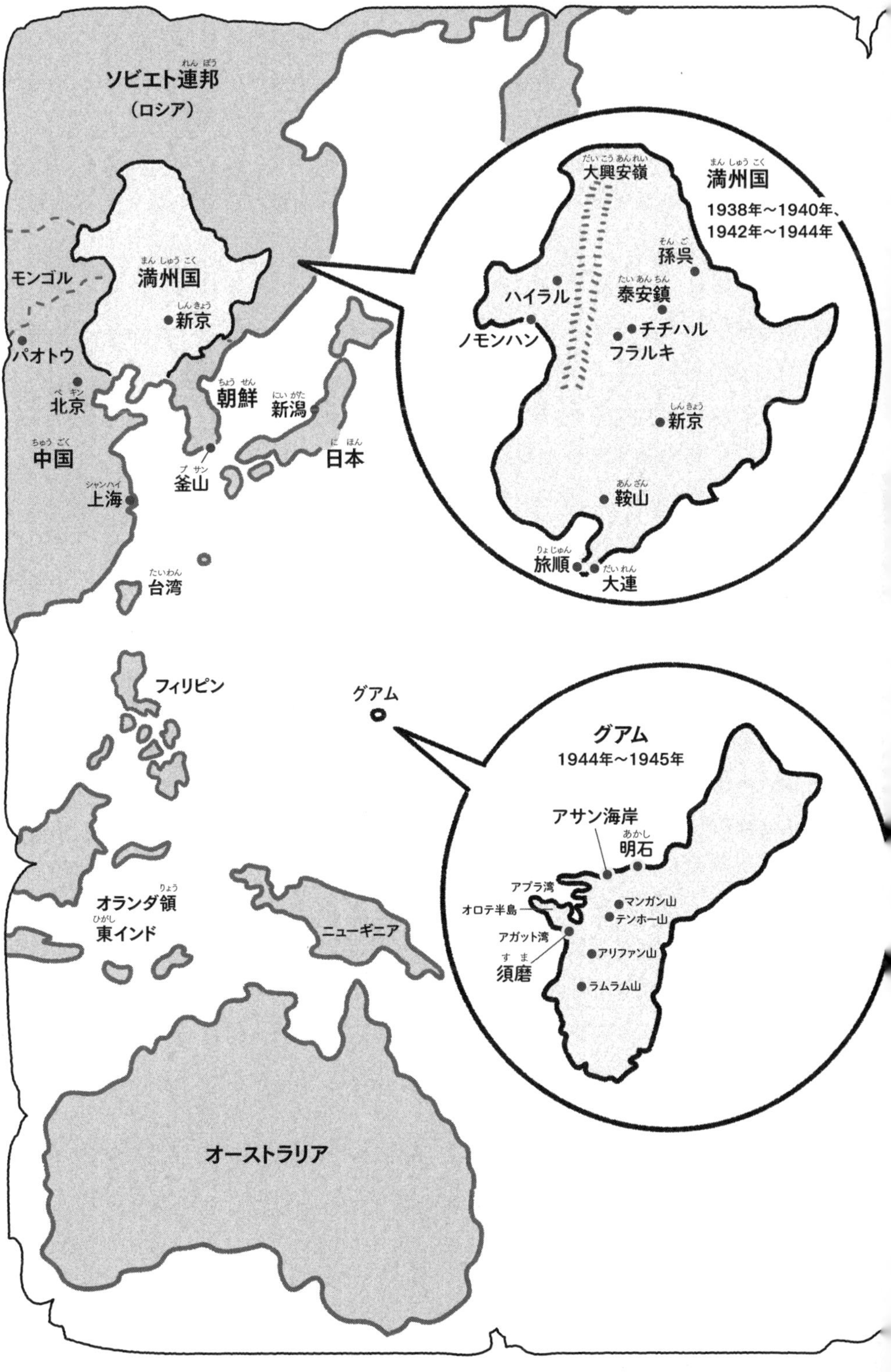

ソビエト連邦《れんぽう》
（ロシア）
モンゴル
満州国《まんしゅうこく》
新京《しんきょう》
パオトウ
北京《ペキン》
朝鮮《ちょうせん》
新潟《にいがた》
中国《ちゅうごく》
日本《にほん》
釜山《プサン》
上海《シャンハイ》
台湾《たいわん》
大興安嶺《だいこうあんれい》
満州国《まんしゅうこく》
1938年～1940年、
1942年～1944年
孫呉《そんご》
ハイラル
泰安鎮《たいあんちん》
ノモンハン
チチハル
フラルキ
新京《しんきょう》
鞍山《あんざん》
旅順《りょじゅん》
大連《だいれん》
フィリピン
グアム
グアム
1944年～1945年
アサン海岸
明石《あかし》
アプラ湾
オロテ半島
マンガン山
テンホー山
アガット湾
アリファン山
須磨《すま》
ラムラム山
オランダ領《りょう》
東《ひがし》インド
ニューギニア
オーストラリア

絵・漫画　コルシカ
装　丁　内田圭

第1章

コケとシダ

完司《かんじ》さんにはじめてお目にかかったのは、二〇〇〇年九月のことです。きっかけは、ちいさな植物、コケでした。

そのころわたしは、コケの写真絵本をつくるために、研究者や写真家、編集者《へんしゅうしゃ》といっしょに取材をかさねていました。ほぼ必要な写真はそろったものの、撮影《さつえい》しのこした場面がありました。ヤナギゴケという水中にはえるコケが、光合成をして、はきだした酸素《さんそ》のあぶくをからだじゅうにくっつけているところ、という場面です。

コケに夢中になっていたわたしは、講師《こうし》をつとめていた英会話教室で、おそらく英語もそっちのけで、コケの話をしたのでしょう。生徒さんのおひとりだった渡辺君《わたなべきみ》さんが、庭の池のふちに、はがしても、はがしても、はえてくると、コケをビニール袋に入れて持ってこられました。ヤナギゴケではありませんでした。ところが数日後、うちに来た研究者と写真家が、それを見るなり、

「この池になら、ヤナギゴケがあるかもしれない」

というではありませんか。同じ市内ならとりあえず行ってみようと、わたしたちは一台の車にのりこんで、渡辺《わたなべ》さんのお宅、いえ、お庭の池をめざしました。

たまたま外出中だった君《きみ》さんにかわって、着物すがたの小柄《こがら》なおじいさんがお庭を見せてくださいました。それが、完司さんでした。

お庭の池に、めあてのコケがありました。わき水をためたちいさなほうの池なら、うまく撮影《さつえい》できそうです。日をあらためて撮影《さつえい》にうかがったときは、ご夫妻そろって出むかえてくださいました。

写真家は地べたにはいつくばり、池にぐっと身をのりだすようにしてカメラをかまえます。そのまわりでわたしたちは、影《かげ》のできないように木の枝をおさえたり、光のぐあいを調節するためにカサをさしかけたり、白い布をかかげたり。そんなようすをおもしろそうにながめながら、完司さんが、

「自然はいい、自然はね、ほんとうにいいです」

とつぶやかれたのをおぼえています。

コケのはえる池のかたわらには、シダがのびのびと葉をひろげています。

「シダがお好きなんですね」

なにげなくそういうと、

「ええ、命の恩人《おんじん》ですから、大切にしています」

ということたえがかえってきました。

「どういうことですか?」

「知りたいですか?」

シダが命の恩人《おんじん》だなんて、シダを薬に使って大病を治したりしたのだろうかと、わたしは興味《きょうみ》がわきました。

「はい」

「では、日をあらためて、ゆっくり聞きにいらしてください」

「え?」

そんな、もったいぶらずに、かいつまんでお話ししてくだされぱいいのに……。ひょうしぬけしたわたしは、そのまま、シダのことをわすれてしまいました。
二、三か月たったころでしょうか、英会話教室のあとで、君《きみ》さんが、
「主人が、いつ話を聞きにいらっしゃいますか? と申しております」

と声をかけてこられました。

わたしはちょっとびっくりしましたが、コケの撮影のお礼かたがた、シダのお話を聞かせていただこうと、気軽にお宅にうかがうことにしたのでした。

そのシダのお話が、戦争の話につながるなんて、夢《ゆめ》にも思わずに。

完司《かんじ》さんがシダに命を救われたのは、一九四五年のことです。完司さんは二十二歳の若《わか》者《もの》でした。世界は第二次世界大戦《だいにじせかいたいせん》のまっただなかです。

そのとき完司さんは、日本《にほん》の南東約二四〇〇キロのかなたの島にいました。太平洋《たいへいよう》にうかぶグアム島《とう》です。そこは一年中が夏のように暑くて、島じゅうにジャングルがひろがっていました。前の年に兵士としてグアム島につれてこられた完司さんは、戦闘がはじまってまもなく、アメリカ軍の飛行機から機関銃《きかんじゅう》で撃《う》たれ、左足のひざから先をうしなっていました。

一九四五年、グアム
この先に
大木が
倒《たお》れてる
ぼくらは
出会った
ばかりだった
よりかかるのに
ちょうど
よさそうだ
あそこで
火をたこう
だれかと
食事する
なんて
何か月ぶり
だろう
片足のない
ぼくに
ごく自然に
手をかして
くれた
パチ
パチ
きみは
どこの隊
だったの？

※軍属《ぐんぞく》…軍人（兵）ではなく、食料の調達など、戦闘《せんとう》に直接かかわらない仕事で軍に所属《しょぞく》している人のこと

ぼくは
とっさに
地面に
ふせた
ササッ
木のうしろに
まわりこもう
あいつが
立ちあがる
気配《けはい》がした
ばっ
ふりかえって
見ることは
できなかった
ぼくはもう
必死でひじを
交互《こうご》については
体をひきよせ
ハァ
ハァ
ハァ
ジャングルの
奥ににげた…
つもりが道に
ぶちあたった
なんと
ぼくらは
道にはさまれた
所で火をたいて
いたのだ

道のすこし
手前に
大きなシダが
しげっていた
地面に
くぼみが
あるぞ
ガサッ
ぼくはくぼみに
もぐりこみ、
シダの葉の
下にかくれた
ザッ
いきをこらす
アメリカ兵の
話し声がする
ザッ
ザッ
足音が
ちかづいてくる
ザッ
ザッ
一ミリでも
動けば
気づかれる!
気配《けはい》を消して
じっとして
いよう
ザッ

ザッ
シダの葉のすぐむこうを革《かわ》ぐつが通りすぎていく
ザッ
ザッ
ザッ
黒々とした銃口《じゅうこう》が一二三…かぞえずにはいられない
ザッ
…十三
これでぜんぶ?
永遠《えいえん》かと思うほどの時間が流れる
ザッ
またもどってきた!
道のむこうに立つアメリカ兵の顔が見えた
よごれているけど白い
すこし年上? いや同い年くらいかも
道のむこうをさがしている
こっちをむいた!
クルッ
たのむ 下は見るなよ

さかんに
道のむこうを
さがしている
何だ
この音は？
ドッ
ドッ
ドッ
ぼくの
心臓《しんぞう》の音!?
これじゃ
聞こえて
しまう！
たのむ
しずまって
くれ！
ドッ
ドッ
ドッ
ドッ
ドッ
かれらは
ゆっくりと
来た方へ
もどりはじめた
ドッ
ザッ
ドッ
最後の
ひとりが
行った…？
いや、
まだいるかも…
まさか
もどってくる？
ドッ
ドッ
ドッ
ドッ

いったい
どれくらい
たったん
だろう
気づくと
あたりが
暗くなっていた
おそる
おそる
身をおこした
ガサ
ガサ
音をたてても
何も
おきない
だいじょうぶ
アメリカ兵は
夜には
出歩かないんだ
ガサッ
シダの
おかげで
命びろい
したよ……
あいつ
どうした
だろう…

おい
いるか？
しん…
返事は
なかった……
ぼくはその場から
はなれたい一心《いっしん》で
道をこえ
その先のジャングルの
やみのなかを
まっすぐまっすぐ
進んでいった
ズッ
あいつの
名前
聞かなかった
……
ズッ
ズッ

「あのシダにかくれていた時間、あれがもう、わたしの人生でいちばん長い瞬間《しゅんかん》でした」

これが完司《かんじ》さんの、シダに命を救《すく》われた、という話だったのでした。

あまりに思いがけない話がとびだしたことに、わたしはとまどいました。正直いって、戦争の話は、読むのも聞くのも、あまり好きではなくて、できればさけたいものだったのです。けれども完司さんは、

「まだまだ、聞いていただきたい話があります」

と、ジャングルににげこんでから、どうくらしたかを、話しつづけられました。わたしはお話にひきこまれました。そしてその日の帰りぎわに、完司さんから、

「こんどは、いついらっしゃいますか?」

と聞かれるまでもなく、わたしはもう、うかがえるかぎりのお話をうかがおう、と決心していました。

戦争の話を聞きたかったわけではありません。それでもわたしが、なんども完司さんのお宅に足をはこび、お話を聞きつづけたのは、完司さんのお話が、未知《みち》の世界にとびこんだ少年の冒険物語《ぼうけんものがたり》のようにおもしろかったからです。それと、もうひとつ、完司さんが徹《てっ》

底的《ていてき》に戦争ぎらいな人だったからかもしれません。完司さんは、わたしと同じように、戦争のことなど、読むのも、聞くのも、見るのも、きらいな人だったのです。けれども戦争は、そんな完司さんをほうっておいてはくれませんでした。それは、他人《ひと》ごとでなく思えました。

完司さんは、戦争体験を、ほとんど人に話したことがないといいます。戦争が終わって日本《にほん》にもどってからも、戦争の記録やテレビの特集などは見なかったそうです。それくらい戦争のことはもう、思いだしたくもなかったのです。

それでも、八十歳《さい》を目の前にして、だれかに話しておこうと思われたのでしょうか。それがなぜわたしだったのかは、たずねませんでした。ただ、お宅《たく》に通《かよ》いはじめてしばらくしたころ、子どもたちに伝えるためならば、聞いた話をすべて書いてくださっていいです、とおっしゃり、なんでも聞いてください、知っていることはすべてお話しします、ともいわれたのでした。

とてもわたしひとりでかかえきれるお話ではないので、二回目からは録音《ろくおん》してのこしておくことにしました。録音《ろくおん》が何時間分にもなって、二十時間をこえるころには、わたし自身、完司《かんじ》さんのお話を、ほかの人たちにも知ってもらいたいと思うようになりました。ですから、いちばん完司さんのお心に添《そ》うように、若《わか》いみなさんに、完司さんのお話をお伝えしようと思います。

第2章

世界を見てみたかった少年

完司《かんじ》さんは、一九二二年（大正十一年）八月十七日に、新潟県安塚村《にいがたけんやすづかむら》（現在の上越市浦川原《じょうえつしうらがわら》区《く》）に、渡辺家《わたなべけ》の次男として生まれました。

のちに完司さんをまきこむことになる第二次世界大戦《だいにじせかいたいせん》はまだはじまっておらず、第一次《だいいちじ》世界大戦《せかいたいせん》が終わったばかりでした。第一次世界大戦《だいいちじせかいたいせん》は一九一四年から四年にわたって、イギリス、フランス、アメリカなど二十数か国の連合国《れんごうこく》と、ドイツ、オーストリアなどの同盟国《どうめいこく》とのあいだで戦われ、最後には世界中の国々をまきこむほどの戦争になりました。日本《にほん》も連合国《れんごうこく》として軍隊を出して、中国《ちゅうごく》や太平洋《たいへいよう》の島々でドイツが持っていた土地をうばいました。この戦争は、一九一八年、連合国側《れんごうこくがわ》の勝利で終わりましたが、国々のあいだの対立はのこったままで、それがやがて第二次世界大戦《だいにじせかいたいせん》へとつながっていきました。でもまだこのときは、日本自体が戦場になったこともなく、戦争が直接《ちょくせつ》、人々のくらしをおびやかすことはありませんでした。

完司さんの故郷《こきょう》は、冬には雪が、多いときは四メートル、五メートルとつもる地方です。村は七十数軒《けん》からなる集落《しゅうらく》で、庄屋《しょうや》とよばれる地主が五軒《けん》ありました。完司さんの生まれた家は、庄屋《しょうや》のなかでも全体をたばねる、村いちばんの庄屋《しょうや》でした。けれども、完司さんが二歳《さい》のとき、おじいさんが亡《な》くなって、完司さんのお母さんがいうには「村いちばんの貧乏《びんぼう》」になったそうです。おじいさんが油田《ゆでん》さがしでたいへんな借金をしていたからです。油田《ゆでん》の穴を一本ほるのでも大金がいるのに、つぎこそは、つぎこそは、と三本もほって、とうとう何も出ないで、借金だけがのこりました。おじいさんが亡《な》くなると、いっきに借金のとりたてがあって、貧乏《びんぼう》になってしまったのです。

けれども完司さんは、「村いちばんの貧乏《びんぼう》」はおおげさだといいます。土地や家のいちぶを手ばなすことにはなりましたが、作男《さくおとこ》や作女《さくおんな》といって、住みこみで農業や家事を手伝う人たちもいるような、庄屋のくらしにかわりはなかったからです。

ところで、完司さんは三歳《さい》か四歳《さい》まで口をきかなくて、みんなにこの子はしゃべれないんだと思われていたそうです。完司さんを二歳《さい》までしか知らないおじいさんは、完司さんがしゃべるのをいちども聞かずに、亡《な》くなったのでした。

小学校は、通うのに一時間もかかるところでした。行きに一時間、帰りはその倍以上かかります。というのは、みんなで道草するからです。子どもたちがあつまって、川で魚を素手《すで》でとったり、カニつりをしたり、鴨《かも》をつかまえたりもしました。鴨《かも》というのは、じつは、よその家が飼《か》っている家鴨《あひる》で、子どもたちもうすうすわかっているのだけれど、野生の鴨《かも》だ、といってつかまえてしまうのです。人の家の柿《かき》の実をこっそりとったり、ときには、かたっぱしから実をたたきおとしたり。子どものすることに村人も本気でおこったりしないので、いたずらのしほうだいです。けれども、冬はたいへんでした。雪のなかをいっしょうけんめい歩いて、ようやく小学校にたどりついたときにはとっくに学校は終わっていて、ひとりだけのこっていた先生にあったかい砂糖湯《さとうゆ》を飲ませてもらって、そのまま帰ってきたこともありました。

「雪がつもってたって、学校は休みません。いたずらがばれて、バケツを持って立たされても、学校は楽しかった。行くのがいやになったことなんか、ありませんでしたよ」

と、完司《かんじ》さんはいいます。それでも、雪にふりこめられれば、命の危険《きけん》すらありました。完司さんが高等小学校、今でいう中学校に通っていた、十二、三歳《さい》のころのことです。

「下校時にすごい雪になって、帰るに帰れなくなってしまったんです。歩きだしたものの、あっというまに自分たちの背《せ》たけより雪がつもってしまった。わたしたちは六人でしたが、ふつうでは歩いていけないから、ひとりが前方に、わざと、ばたーんとたおれてね、そこをあとの五人が歩いて、たおれているのをひっぱりおこす。で、つぎの子がそのさらに前方にむかって、ばたーんとやるんです。だれに教わったわけでもないんですが、自然とそんなことをしたんですね。それでも、方向もよくわからない。進み方もおそいから、どんどん暗くなってきてね。まっ暗ななかをわたしたちの名をよぶ声が聞こえてきて、提灯《ちょうちん》のあかりが見えてきてね。消防団といっしょに、村の人たちが四、五十人で、提灯《ちょうちん》を持ってさがしに来たんです。見つけてもらったのは夜中の一時半だったですかね、六人とも村の人の背《せ》におぶわれて帰りました」

完司さんは小学生のときに、庄屋《しょうや》であるお父さんの代理をさせられたといいます。完司さんのお父さんは校長先生をしていました。つとめた学校が遠かったので、冬のあいだは学校のちかくに下宿《げしゅく》し、家には帰ってきません。おじいさんはすでに亡《な》くなっているし、二歳《さい》年上のお兄さんが学校の寄宿舎《きしゅくしゃ》に入ると、のこされた家族のうち、小学生の完司《かんじ》さんがたったひとりの男になります。十四歳《さい》はなれた弟はそのときはまだ生まれておらず、生まれていたとしても、年長の男は完司さんです。庄屋《しょうや》として顔を出すべき機会があると、完司さんがその代理をしなくてはなりませんでした。おばあさんも、お母さんもいたのですが、庄屋の代理は、たとえ子どもだろうと男でなければいけなかったのです。

「いやでしたねえ。人間はみんな同じはずなのに、庄屋《しょうや》の息子《むすこ》に生まれたというだけで、村の人がぺこぺこする。結婚式でも葬式《そうしき》でも、まだ七歳《さい》くらいにしかならないわたしが、正座して上座《かみざ》にすわらされるわけです。じっとすわって、おとなしくしていなくちゃならないし、村の人たちが、父にするようにわたしにあいさつするんですから。いごこちが悪いったらありませんよ」

それは、正式なあつまりのときばかりではなかったようです。完司さんが村を歩けば、すれちがう大人《おとな》が、みんなおじぎをする。どこに行っても「庄屋《しょうや》さんの息子《むすこ》」「校長先生の息子《むすこ》」といわれ、お兄さんが学校の先生になると、そこに「あのお兄さんの弟」というのもくわわって、ずいぶんきゅうくつで不自由な思いをしたようです。

「おれはおれだ、といいたいのにね」

そんな完司さんに、この世にはもっとちがう世界があることを教えてくれたのが、船《ふな》のりだったおじさんでした。

「父の一族は教師や医者が多くて、そんななかで長男だけが毛色《けいろ》のちがう存在で、船《ふな》のりになったんです。商船学校をでて外国航路《がいこくこうろ》の機関士になりました。船の名前が、なんていったかな……やはた……そうだ、八幡丸《やはたまる》。はじめておじに会ったのが五歳《さい》くらいだったでしょうか。船員のかっこうでやってきたんです。はじめて見る船《ふな》のりのすがたですよ。それがかっこよくてねえ。しかも、話すことが外国のことでしょう。こっちは日本《にほん》どころか、まだ安塚村《やすづかむら》とそのまわりしか知らない、それが全世界だったわけですから、ああ、世界はもっともっと広いんだってね、そのことをはじめて、感じさせてくれた人ですよね」

のちにお母さんが「風来坊《ふうらいぼう》」となげくことになる完司《かんじ》さんを、このおじさんのほうでも、どこか似《に》たものどうしと感じたのでしょうか、ずいぶんかわいがってくれたそうです。「風来坊《ふうらいぼう》」というのは、風のようにふらりとやってきて、またふらりとどこかに行ってしまう、いろんなものにしばられない自由な人のことです。おじさんは完司さんが小学校に入ってすぐのころ、イタリアのナポリから、手紙といっしょにココアふた缶《かん》を送ってくれました。

「ちゃんとわたしの名前あてに、送ってきた。ココアなんて、当時、大人《おとな》だってふつうは飲んだことがないような代物《しろもの》ですよ」

このときから、完司さんは船《ふな》のりになりたいと思うようになりました。

「地球のあちこちを自分の目で見てみたいと思ったんです。よその国にとびこんで、少なくとも二、三か月は住みついて、世界を見てみたい、とね」

完司さんは本気で船《ふな》のりになるつもりでした。でも、お父さんの猛反対《もうはんたい》にあいました。お母さんも反対でした。理由など、いいません。ただ、だめだ、というだけです。それでも、なんとなく、船《ふな》のりは医者や学校の先生のような尊敬《そんけい》される仕事ではないと思っているらしい、とは感じたそうです。

それですごすごとひきさがる完司さんではありません。なんとしても世界を見たい。その思いは、ずっと胸《むね》に秘《ひ》めていました。そしてついに一九三八年、十五歳《さい》の春に、ひとりで満州《まんしゅう》にわたることになりました。そのころ、中国《ちゅうごく》の東北地方《とうほくちほう》に、満州国《まんしゅうこく》という国があったのです。

一九〇四年から一九〇五年にかけて、日本《にほん》は、中国の一地方である満州《まんしゅう》をめぐって、ロシアと戦争をしました。これが日露戦争《にちろせんそう》です。この戦争に勝って、ロシアが中国から借りうけていた満州《まんしゅう》をこんどは日本が借りうけるなど、さまざまな権利《けんり》を手に入れます。一九三一年には満州《まんしゅう》で日本軍《にほんぐん》が中国軍《ちゅうごくぐん》を攻撃《こうげき》、満州事変《まんしゅうじへん》がおこります。こののち日本と中国は、長く対立することになりました。そして日本は、この地方での支配を強めるため、一九三二年に満州国《まんしゅうこく》という国をつくります。完司《かんじ》さんがむかった満州国《まんしゅうこく》は、六年前にできたばかりの国だったのでした。

「どんな国かなんて、よくは知りませんでした。とにかく世界を見たいという思いが強かったんです。とりあえず行ける国には行ってみよう、と。とはいえ、お金がない。満鉄《まんてつ》が社員を募集《ぼしゅう》すると聞いて、これだ、この手がある、と思ったんですね」

満鉄《まんてつ》は正式には南満州鉄道株式会社《みなみまんしゅうてつどうかぶしきがいしゃ》といいます。日露戦争《にちろせんそう》に勝利した日本は、満州《まんしゅう》をロシアがつくった鉄道ごと、手に入れました。この鉄道を経営《けいえい》するためにつくられた会社が、満鉄《まんてつ》です。

「農学校に入学して二年目の春です。ちょっとばかり剣道が強くてね、剣道の試合で長岡《ながおか》に行くって親にうそついて、満鉄《まんてつ》の入社試験をうけたんですよ。筆記試験と、たしか身体検査もあって、その日のうちに結果発表がありました。めでたく採用《さいよう》です。満州《まんしゅう》までの汽車と船のきっぷは郵便《ゆうびん》で送ってくれるというんですが、その出発が、一週間後でした」

剣道の試合に行ったとばかり思っていたご両親が、「満鉄《まんてつ》の入社試験に受かりました、一週間後に出発します」と報告《ほうこく》されて、どんなにかびっくりなさったことでしょう。それでも、反対はされなかったそうです。満鉄《まんてつ》といえば大会社でしたし、日本人がおおぜい満《まん》州《しゅう》にわたったことも知っていたからです。ただ、安塚村《やすづかむら》では、まだひとりも海外に行った人はいませんでした。

「満州《まんしゅう》へは、汽車で神戸《こうべ》の三宮《さんのみや》まで行って、そこから三泊四日の船旅《ふなたび》でした。村を出たのは、五月だったと思います。村じゅうで見送ってくれました。はじめて村から外国に行くというのでね、村はずれまで、見送りの人たちがついてきました。父はハイヤーで高田《たかだ》の駅までいっしょに来ました。村から三十五キロくらいありましたかね。列車を待つあいだ、昼をいっしょに食べました。はじめて、うどんを食べたんです。父が、うどんを食べてみるか、といってね」

完司《かんじ》さんの生まれた新潟県《にいがたけん》は、おそばのおいしいところです。けれども小麦がすくないので、うどんはめったに食べられませんでした。

完司さんの乗船券は、一等から三等あるうちの三等、いちばん下でした。部屋《へや》も船底《ふなぞこ》のほうで、甲板《かんぱん》も出られるところがかぎられています。出される食べものも一等や二等とはちがうし、ゆかたにまで差がつけられていました。

「あまりの待遇《たいぐう》のちがいに、こんど船にのるときは、ぜったいに二等以上にしようと思いましたよ。ちやほやされるのもいやだけど、みじめな思いをするのも、いやなものだね」

この航海《こうかい》のことを、完司さんはよくおぼえています。

「船が瀬戸内海《せとないかい》をすぎて門司港《もじこう》によったんです。わたしはのったままでしたが、船にバナナ売りが来ました。雪国育ちですから、はじめて見るわけです、バナナなんて。さっそく買って食べてみましたよ。おいしかったなあ」

十五歳《さい》の少年にもどったみたいに、まゆじりを下げてそういいました。

「で、船が関門海峡《かんもんかいきょう》をぬけて玄界灘《げんかいなだ》に出る、このあたりからですね、ああ、外国に行くんだ、と実感がわいたのは。海の色がぜんぜんちがう。広々とした海原《うなばら》が、じつに青くって、そこをトビウオがパーっとね、とぶんです。はねるのかと思ったら、そんなんじゃない、そうとうな距離《きょり》を、ほんとうにとぶんですよ。それからこんな、ひとかかえもあるような大クラゲも、ぷかあっと、ういていたりした」

これが、完司《かんじ》さんのはじめての船の旅でした。

第3章
はだかのミノムシ

船は、満州国《まんしゅうこく》の玄関口、大連港《だいれんこう》につきました。

「おそらくアカシアの花がさいていたと思うんですがね。道路ぞいにアカシアの木が植わっていて、花がさくと、まっ白い花の帯のようになってね、みごとなんですよ。桜《さくら》もたくさんありました」

大連《だいれん》は、完司《かんじ》さんの故郷《こきょう》より、すこし北にあります。5月にさきだすアカシアは、初夏をつげる花で、満開になると町じゅうにあまいかおりがただようそうです。

「大連駅《だいれんえき》は待合所もあるような大きな駅で、そういえば風呂《ふろ》がありました。駅のなかに銭《せん》湯《とう》があるんです。旅の汗をながすんでしょうね。わたしは、入りませんでしたが。駅からまっすぐ行くと、公園に出る。なに広場といったかな。それを中心に、大きな舗装道路《ほそうどうろ》が何本も放射状《ほうしゃじょう》にのびているんです。建てもののならびかたといい、なんて整然《せいぜん》とした町だろう、とおどろきましたねえ」

大連《だいれん》は、日露戦争《にちろせんそう》でロシアが敗北する一九〇五年までは、ロシアが中国《ちゅうごく》から借りうけた土地（租借地《そしゃくち》）でした。ロシアはここに、フランスのパリをまねて町をつくったのです。完司さんの故郷《こきょう》では目にしたことのないようなレンガづくりの建てものがあったり、広い道路を路面電車が走ったりしていました。

完司さんは、まず、大連《だいれん》の聖徳街《しょうとくがい》にある満鉄《まんてつ》の寮《りょう》に入りました。

「ちいさい部屋に三人が寝泊《ねと》まりして、暗いし、あまりいい思い出はなかったなあ。なにしろ食事がねえ。よほどエビが安いとみえて、ひどいときは朝昼晩《あさひるばん》と、あげたり、ゆでたり、いためたり。目先はかわるけど、ぜんぶエビ。あの寮《りょう》にいた二か月で一生分のエビは食べさせられた。今でもエビと聞くと、うんざりしますよ。たまにはイワシが食いたい、と思ったですよ。でも、大連《だいれん》ではイワシは高かったみたいです」

仕事は、沙河口《さかこう》という場所にある工場で、機関車をつくることです。まずは、見習い工として、ハンマーやドリル、やすりなど、工具の使い方をまなびました。聖徳街《しょうとくがい》の寮《りょう》から沙河口《さかこう》までは、路面電車にのります。たまには、歩くこともありました。

「歩くときは、丘をこえて行きました。丘の上には公園があって、毎朝のように中国人《ちゅうごくじん》があつまって、鳥をなかせてる。たいていが天秤棒《てんびんぼう》に鳥かごをふたつぶらさげて持ってくるんです。うぐいすみたいな、ちいさな鳥でした。どの鳥のなき声がいいか、きそっていたのだと思います」

天秤棒《てんびんぼう》というのは長い棒で、両はしに荷物をぶらさげて肩にかついではこぶものです。完司《かんじ》さんには、路面電車から見た、わすれられない光景がありました。電車は小学校のまん前を通ります。ある朝、学校のはじまる前に、女の先生が校庭でスケートの練習をしていたというのです。

「よくまあ、目がまわらないもんだなあ、と思って見たことをねえ、思いだすんですよ。ステーン、ステーン、と、ころんでばかりでさ」

と完司さんはわらいました。大連《だいれん》では春先でも、気温が0度以下になることがあります。校庭に水をまいておくと、こおって、スケートができるようになるのでした。

完司さんは大連《だいれん》で、言葉にこまったことがありませんでした。

「だいたい満州《まんしゅう》では日本語《にほんご》が通じるんです。中国の人も日本語のできる人が多かったです。あとは身ぶり手ぶりでね。聖徳街《しょうとくがい》の寮《りょう》には日本人しかいませんでしたし、沙河口《さかこう》の宿舎《しゅくしゃ》も日本人《にほんじん》だけだったかな。中国人《ちゅうごくじん》もはたらいていたけれど、宿舎にはいませんでした」

それでも町を歩くと、中国語や、聞きなれない外国の言葉が聞こえたといいます。

「いろんな民族がくらしている町だと思いました。満州《まんしゅう》では『五族協和《ごぞくきょうわ》』という言葉をなんども耳にしました。満州国《まんしゅうこく》の理想なわけです。ここは何民族の国というのではない、五族が協力してくらすんだとね」

はじめて五族協和《ごぞくきょうわ》という言葉を聞いたわたしは、五族が何をさすのかを聞きました。そのとき完司《かんじ》さんは、

「日本人、中国人、朝鮮人《ちょうせんじん》、ロシア人、モンゴル人……これで五つかな。オロチョン族とか少数民族もいるんですけれど、とりあえず人口の多い五つをいったんでしょうね。とにかくいろんな民族が、どちらが上ということもない、平等にくらせる国としてつくられた

のだと聞かされました」

と説明してくれました。けれどもしらべてみると、満州国《まんしゅうこく》で理想とされた五族協和《ごぞくきょうわ》の五族は、漢民族《かんみんぞく》、満州族《まんしゅうぞく》、朝鮮族《ちょうせんぞく》、モンゴル族、日本族つまり日本人の五つでした。完司さんには、漢民族《かんみんぞく》も満州族《まんしゅうぞく》もどちらも中国人としかわからなかったでしょうし、五族にロシア人を入れたくなる理由も、たしかにありました。完司さんは、大連《だいれん》で実際にロシア人を何人も見かけていましたし、ロシア人街とよばれる、ロシア風の建てものがならぶ地区があることも知っていたのですから。

ところで、五族がなんであろうと、五族協和《ごぞくきょうわ》は言葉だけのもので、実際にいろんな民族が平等だったわけではありません。この国でほんとうに力を持っていたのは、日本人だったのです。満州国《まんしゅうこく》は、日本がつくった国でした。

満州事変《まんしゅうじへん》によって、日本軍は満州《まんしゅう》を占領《せんりょう》します。満州事変《まんしゅうじへん》のきっかけとなった柳条湖事件《りゅうじょうこじけん》は、はじめ、中国軍が満鉄《まんてつ》を爆破《ばくは》した事件とされましたが、実際《じっさい》は、中国を攻撃《こうげき》する理由がほしかった日本軍が自分でやったことでした。この、自分の国の領土《りょうど》を拡大《かくだい》しようとする日本《にほん》のやりかたは、世界各国から非難《ひなん》されました。そこで日本は、満州族《まんしゅうぞく》の皇帝《こうてい》である溥儀《ふぎ》をつれてきて、満州国《まんしゅうこく》をつくったのです。満州国《まんしゅうこく》は、見かけは溥儀《ふぎ》がおさめる満州《まんしゅう》族《ぞく》の国ですが、日本の傀儡国《かいらいこく》でした。傀儡《かいらい》というのはあやつり人形のことで、日本のいいなりになっていたということです。こうすることで、おもてむきは日本の領土《りょうど》をふやしたようには見えないけれど、実際《じっさい》には領土をひろげたのと同じ状態《じょうたい》をつくりだそうとしたのです。そんなくわしいことが、そのときの完司《かんじ》さんにわかるはずはありません。

「わたしは、いわれたとおりの、いい国なんだろうと思ってね、自分でも、何族だろうとわけへだてなく仲よくしよう、なんて考えました。あのときわたしが満州《まんしゅう》で出会った人たちも、そう考えていたと思いますよ。だいいち満州《まんしゅう》は、清朝《しんちょう》の皇帝《こうてい》、溥儀《ふぎ》をいただいていたでしょう。わたしはね、日本にだっていろんな民族がいるけれど天皇がいる、それと同じで、満州《まんしゅう》には溥儀《ふぎ》がいるんだなあと思って、日本とはぜんぜん別の、満州《まんしゅう》という国だと思っていました」

実際《じっさい》に、満鉄《まんてつ》でもいろんな民族がはたらいていて、朝鮮人《ちょうせんじん》の上司もいたそうです。人種や民族による差別は感じなかったといいます。けれども、べつの差別がありました。学歴のあるなしによる差別です。

「出世《しゅっせ》するもしないも学歴です。学力でなく学歴がものをいう社会でした。わたしは農学校を卒業せずに入社しましたから、最低の身分です。学歴によって要員《よういん》、雇員《こいん》、職員《しょくいん》だったか……正確《せいかく》には思いだせませんが、はじめからよびかたがちがっていて、わたしは要員《よういん》。会社に入るときの入り口までちがっていました。それがくやしくてね、勉強しようと思いましたよ。というか、これは学歴をつけなきゃだめだと思いましたね。とはいえ、実際のところ大連《だいれん》では、あそんでばかりですっからかんになったですよ」

聖徳街《しょうとくがい》の寮《りょう》で二か月くらしたあと、沙河口《さかこう》の宿舎《しゅくしゃ》にうつりました。こんどは、きれいな個室が用意されていました。ところが、そこで、完司さんは悪い先輩《せんぱい》たちと出会うことになったのでした。

「こっちは、いなか出の、ちょうど今の中学三年くらいの年ですよ。それを先輩《せんぱい》たちが、バーやキャバレーにつれていくわけです。大連《だいれん》というところは、そんな店がたくさんあったんですね。店にはきれいにした女の人がいっぱいいて、ダンスしたりするでしょう。先《せん》輩《ぱい》に、つれていってやるから金出せ、といわれると、つい出してしまう。お金がなくなると、あれを売ってこい、なんていわれて、とうとう、ふとんから何から売ってしまってね。あっというまに、富山《とやま》から来た黒田《くろだ》という友だちとふたりして、すっからかんになってしまいました。そうなったらもう、はだかになったミノムシみたいになさけない。母親が用意してくれた羽織袴《はおりはかま》も売ってしまって、いなかに『サイフガゲリシタ　カネオクレ』なんて電報を出したことまでありました。いい気なものでしたよ」

ふとんなどはショートル市場で売ったといいます。ショートル市場とは、どろぼう市場という意味で、広場にバラック建ての建てものがいくつもあって、そこに寝泊《ねと》まりしている人たちが商《あきな》いをしていたそうです。売るばかりでなく買ってもくれる。どろぼうも、ぬすんだものをここに売りにくるといわれていて、何かぬすまれたら、翌日《よくじつ》ここにくれば買いもどせるというわさもありました。

すっからかんになった完司《かんじ》さんは、友だちの黒田《くろだ》さんといっしょに、なんとたったの六か月で、満鉄《まんてつ》をやめてしまいました。

「学歴もなくて満鉄《まんてつ》にいても、うだつがあがらないといって、あと先考えずに、とびだしちゃったんです。一文《いちもん》なしの状態《じょうたい》で。あのままだったら、どうなっていたでしょうかねえ」

ありがたいことに、そんなふたりを救《すく》ってくれる人があらわれました。荒木《あらき》さんという、満鉄《まんてつ》でかなり上の地位にあった人です。荒木《あらき》さんは、完司さんと黒田《くろだ》さんが満鉄《まんてつ》をやめたと聞いて心配し、「これからどうするんだ」と声をかけてくれたそうです。完司さんたちには、将来の計画どころか、その日、寝《ね》るところのあてさえありませんでした。

「荒木《あらき》さんが『ふらふらしていてはだめだ、とにかくうちに来なさい』といってくれなかったら、どうなってたのかなあ。とつぜん、ふたりの若造《わかぞう》がやっかいになって、それでも奥さんはいやな顔ひとつせずによくしてくれました。夫婦して情《じょう》のある人たちでした。満州《まんしゅう》というところには、そういう、人間の大きな人がいたんです」

荒木《あらき》さんには、ずいぶん「勉強しろ」といわれたそうです。そんな矢先、荒木《あらき》さんの弟さんがあそびにきます。満州電信電話株式会社《まんしゅうでんしんでんわかぶしきがいしゃ》という、電信、電話はもちろん、ラジオ放送もやっている会社につとめていて、高い地位にある人でした。この弟さんが、よかったらはたらかないか、とふたりを入社させてくれました。

入社してまもなく、逓信養成所《ていしんようせいじょ》の試験を受けてみてはどうかとすすめられます。逓信養《ていしんよう》成所《せいじょ》というのは、通信技術《つうしんぎじゅつ》を教える専門学校のようなものです。完司《かんじ》さんは満鉄《まんてつ》で学歴で差別されたくやしさをばねに、がんばってみようと思いました。はたらきながら三か月ほど猛勉強《もうべんきょう》して、ついに、合格率が百人にひとりというむずかしい試験に合格しました。黒《くろ》田《だ》さんは受験しないで、ふらりと荒木《あらき》さんのお宅《たく》からいなくなったきり、どこに行ったのかわからなくなったそうです。

「通信科と放送科のどっちにしようかと、まよったんですが、子どものころから父に、おまえの声は泣き声だ、といわれていたので、声が悪いんだろうと思って、通信科をえらびました。授業料はいりません。国のお金で勉強させてもらったんです。そこでトンツーの暗号、つまりモールス信号とかを、ぜんぶおぼえました。この養成所の庭に桜《さくら》がたくさん植わっていてね、みんなで花見をしましたよ」

逓信養成所《ていしんようせいじょ》にいるあいだ、完司さんはあちこちに遠足に行きました。日露戦争《にちろせんそう》の戦場となった旅順《りょじゅん》に行って、二百三高地《にひゃくさんこうち》という激戦地《げきせんち》をたずねたり、日露戦争《にちろせんそう》の停戦条約《ていせんじょうやく》をむすんだ水師営《すいしえい》という場所もたずねました。

「水師営《すいしえい》には、なつめの木が植えてありました。なつめは寒さ暑さに強くて、貴重《きちょう》な食べものだから、わたしも今すんでいる家の庭に植えたんですよ。でも、ちっとも実が大きくならなくてねえ。棘《とげ》があるから枝を整理するのもたいへんです。満州《まんしゅう》ではよく食べました。十月から十二月にかけて、実の飴煮《あめに》を売るんです。たばねたわらに、なつめを団子みたいにいくつも刺《さ》した串《くし》をつったててね。よく買って食べました。あの味は好きでした。たしか、その遠足のときに、太刀魚《たちうお》つりをはじめて見ました。びっくりしましたよ、こんな長いんだもんね……一メートルくらいある。銀色に光ってて、へびみたいな魚。深海魚だけど、浜からつれるんです。見てたら、この魚のひきの強さといったら、相当なもんでした。浜で焼いてもらって食べたけど、あっさりしておいしかったなあ」

こうして充実した日々を送っていたと思っていたのに、逓信養成所《ていしんようせいじょ》の健康診断で肋膜炎《ろくまくえん》、今でいう胸膜炎《きょうまくえん》が見つかります。結核《けっかく》か肺炎《はいえん》にかかっていた可能性がありました。大連《だいれん》の病院に入院した完司《かんじ》さんは、このまま大連《だいれん》で療養《りょうよう》するか、帰国するかでなやみました。

「ここは、恥《はじ》をしのんで故郷《こきょう》に帰って、ちゃんと学校で勉強しなおそうと思ってね」

帰国を決意したのが一九四〇年。完司さんは十八歳《さい》になっていました。

第4章 遠い戦争

完司《かんじ》さんが満州《まんしゅう》から故郷《こきょう》にもどることにした一九四〇年とは、どんな年だったのでしょう。

じつはその年には、のちに第二次世界大戦《だいにじせかいたいせん》とよばれる戦争が、もう、はじまっていたのです。数年後に完司さんが兵士としてグアムに行くことになる、あの戦争です。それとはべつに、日本《にほん》は日本で、中国《ちゅうごく》と戦争をしていました。

完司さんが満州《まんしゅう》にいるあいだも、日本と中国との戦争は拡大《かくだい》しつづけ、おさまる気配がありませんでした。そして完司さんが満州《まんしゅう》で通信技術をまなんでいたときに、こんどは満州国《まんしゅうこく》の国境付近《こっきょうふきん》で戦いがおきました。

一九三九年五月のノモンハン事件です。ノモンハンという、満州《まんしゅう》とモンゴルの国境の地で、どこを国境とするかをめぐり、日本とソビエト連邦《れんぽう》（ソ連《れん》）の軍隊が衝突《しょうとつ》したのです。第一次世界大戦中《だいいちじせかいたいせんちゅう》にロシアで革命《かくめい》がおき、国のかたちがかわって、ロシアはソ連《れん》となっていました。

それにしても、モンゴルの国境の話に、なぜソ連軍《れんぐん》が出てきたのでしょう。それは、ソ連《れん》とモンゴルが同盟《どうめい》をむすび、ソ連軍《れんぐん》がモンゴルにいたからです。

ノモンハン事件では、死傷者《ししょうしゃ》がソ連軍《れんぐん》で約二万五千人、日本軍で約二万人にのぼり、たんなる紛争事件《ふんそうじけん》というより、戦争といってもいいものでした。

こんなふうに日本は戦いをかさねていましたが、完司さんが戦争を身近に感じることはありませんでした。ノモンハンは、完司さんのいた大連《だいれん》から、千キロ以上もはなれていました。東京《とうきょう》から九州《きゅうしゅう》の南はじに行くくらいに、遠い場所でおきた戦争だったのです。まして日本と中国の戦争は、もっと遠い場所でおきていました。

そして第二次世界大戦《だいにじせかいたいせん》は、さらに遠いヨーロッパではじまりました。一九三九年九月、ドイツがポーランドに攻めこむと、ポーランドの同盟国《どうめいこく》だったイギリスとフランスが、ドイツに対し宣戦布告《せんせんふこく》をします。宣戦布告《せんせんふこく》というのは、あなたと戦争しますよ、という宣言《せんげん》です。これが第二次世界大戦《だいにじせかいたいせん》のはじまりでした。あとから見れば世界の国々をまきこんだ大戦ですが、この時点では日本にとって、はるか遠くのヨーロッパの戦争に見えたでしょう。それでも完司さんの将来の計画に、すこしずつ戦争は影《かげ》をおとしはじめるのです。

村にもどり、しっかりと療養《りょうよう》した完司さんは、農学校に再入学します。

「ちょうど学制がかわった時期で、小学校からすぐに農学校に進む人と、小学校から高等小学校に行ってから進む人もあって、だれが同級生なんだか、よくわからない状態《じょうたい》でした」

完司《かんじ》さんは小学校を卒業してから高等小学校に二年間通い、農学校に進学しました。そして、農学校を卒業するまえに満州《まんしゅう》にわたり、二年後にもどってきて、今回、再入学しました。そのあいだに、義務教育の年数などが変更になったりして、気がつくと、なんと農学校を二回も卒業したことになっていました。

これで学歴もついた、となると、完司さんはまたもや外国に行く計画をたてます。

完司さんが次にえらんだ国はモンゴルでした。理由は、まだ行っていないから、です。

「満州はもう見たから、こんどはちがうところと思ってね、性分《しょうぶん》なんでしょうね。それに、モンゴルには三六〇度みわたせる広大な草原がひろがっていると聞いて、見てみたかったですし」

ところが、そのつもりでいた完司さんに、学校から、モンゴルには行けなくなったとつげられます。けっきょく、ほかに行ける国がなかったので、完司さんは、もういちど満州《まんしゅう》を見てみることにしました。一九四二年のことです。

なぜモンゴルに行けなくなったのか、完司さんは、「政府の関係で何かあった」のだけれど、よくおぼえていないといいます。ふたりで歴史年表をみながら、そのときは、ノモンハン事件だろう、ということになりました。

けれども、今考えてみると、ノモンハン事件もそうですが、第二次世界大戦《だいにじせかいたいせん》の影響が大きかったのではないでしょうか。完司さんがモンゴルに行こうとしていた年には、すでに日本《にほん》も第二次世界大戦《だいにじせかいたいせん》にどっぷりとつかっていたのです。日本はドイツ、イタリアとともに枢軸国《すうじくこく》として、イギリス、アメリカなどの連合国《れんごうこく》と戦争をしていました。そして一九四一年には、中国《ちゅうごく》もソ連《れん》も連合国《れんごうこく》としてこの大戦に参戦し、モンゴルも連合国側、つまり日本の敵国《てきこく》になっていたのです。そんなモンゴルに、行けるはずがありませんでした。

日本が第二次世界大戦《だいにじせかいたいせん》に突入することになったのは、一九四一年の十二月八日です。その日、日本はアメリカ領《りょう》であるハワイの真珠湾《しんじゅわん》（パールハーバー）を奇襲《きしゅう》しました。これが第二次世界大戦《だいにじせかいたいせん》の一部となる、太平洋戦争《たいへいようせんそう》のはじまりです。この戦争がはじまったことで、それまでヨーロッパ中心だった第二次世界大戦《だいにじせかいたいせん》が、一気に世界にひろがりました。
完司《かんじ》さんが真珠湾攻撃《しんじゅわんこうげき》のニュースを聞いたのは、肋膜炎《ろくまくえん》で故郷《こきょう》にもどり、もういちど農学校に通っていたころのはずでした。ただ、だれから、どうやって聞いたのか、おぼえていないそうです。村の人たちや家族のようすも、

「うーん、勝った勝ったって、それだけじゃなかったでしょうかねえ」

と、はっきりしません。日本《にほん》が戦争をはじめても、完司さんは、日々のくらしがそのことで変わったようには感じませんでした。あいかわらず、完司さんにとって、戦争は実感をともなわない、どこか遠くの世界のできごとだったのです。

「もともと争いごととかは好きじゃなくて、興味《きょうみ》がなかったんでしょうね。それに兵隊とか警察官《けいさつかん》とか、ああいう、組織《そしき》のなかで人の指図《さしず》を受けてうごく世界が、子どものころか

らきらいだったですから」

そういって、完司さんはまゆを八の字にさげて目をしばたたかせました。

そして、こんどの満州《まんしゅう》では、こんなに楽しい日々があるものだろうか、と思うようなくらしが待っていたのです。

第5章

大平原を走りまわる

満州《まんしゅう》でのこんどの就職先《しゅうしょくさき》は、農学校が紹介してくれました。満鉄《まんてつ》の子会社です。

「コンポーとよんでいたんですが、正式には南満州鉄道株式会社《みなみまんしゅうてつどうかぶしきがいしゃ》……穀物《こくもつ》……なんだっけ、そうそう、混合保管検査所《こんごうほかんけんさしょ》。混合保管《こんごうほかん》、それをコンポーとよんでいたんです。農作物の輸出入を手がける会社で、それがあとで国立になってね。会社名も変更されて、満州農産物《まんしゅうのうさんぶつ》検査所《けんさじょ》といったかな。入社試験は四人で受けました。農学校の二歳《さい》年下の後輩《こうはい》で、わたしにならって試験を受けたいというのが三人いてね。たしか長野《ながの》で受けたと思います。ひとりおちて、三人で行きましたが、勤務地《きんむち》がばらばらで、満州《まんしゅう》で会うことはありませんでした」

満州《まんしゅう》へは、こんどは韓国《かんこく》の釜山《プサン》から鉄道で行くことにしました。このころ、韓国《かんこく》は日本《にほん》の一部になっていました。

「釜山《プサン》から行くことにしたのは、朝鮮半島《ちょうせんはんとう》の風景を見てみたかったからです。学校でならったことがほんとうか、見たかったんです。木をみんな切ってしまって、あとから植林したので、ほそい木ばかりだと、そうならったんです。なるほど、はげ山ばかりでした」

釜山《プサン》までは熊本県《くまもとけん》の隈府《わいふ》から船にのりました。満州《まんしゅう》での目的地は、緯度《いど》でいうと北海道《ほっかいどう》の北のはしより少し北にある小さな町、フラルキです。そこに、農産物検査所《のうさんぶつけんさじょ》の研修生があつまりました。研修期間はおよそ四か月です。

「研修といっても、とにかく現地になれろ、ということで、国のお金であそばせてもらった感じですね。教官はいません。先輩《せんぱい》を入れて研修生は十人。その十人でトラックをのりまわして、あちこち行きました。フラルキから西にむかうと、大興安嶺《だいこうあんれい》という南北にのびる大山脈があるんです。山脈の西は、ソ連《れん》やモンゴルと国境を接《せっ》する地域《ちいき》です。そのあたりを走りまわりました。モンゴルへは行けませんでしたが、ここも、広々としたところでした。とにかく、楽しいだけの毎日でしたよ」

トラックは二台。ほとんど人の住んでいない平原を行くのですから、ガソリンスタンドなどありません。だいたいの目的地を決めると、どれくらいのガソリンが必要かを計算して、じゅうぶんな量をつんでいきます。飲み水はタンクに入れ、青いシートもつんでいました。トラックの荷台や林のなかで野宿するときに、テントがわりに使うのです。エンジンや何かが故障《こしょう》してうごかなくなることもありましたが、十人もいれば、車にくわしい人がいるもので、なんとかなりました。

「ハイラルから北にむかったときかなあ、ノロの大群がいてね」

ノロというのは、ノロジカという、小型のシカのことです。ハイラルは、フラルキから北西にすすんで、大興安嶺《だいこうあんれい》の山脈をこえたところ。そのまま、まっすぐ二、三百キロも行けば、ソ連《れん》との国境でした。

「トラックの音におどろいて、ノロがいっせいに走りだすんだ。土けむりをあげて。何頭くらいいたのか、大きな群れでした。オロチョンの人たちを見ましたよ。そのあたりに、オロチョンという少数民族が住んでいると聞いていたんです。四、五人が、畑でトウモロコシみたいな作物《さくもつ》を収穫《しゅうかく》しているようでした。はっきりと見たわけではないからあれだけど、中国人《ちゅうごくじん》とあまりかわらない気がしたなあ」

オロチョン族は大興安嶺《だいこうあんれい》やその北東につらなる小興安嶺《しょうこうあんれい》のあたりに住む、狩猟生活《しゅりょうせいかつ》をいとなむ少数民族です。狩猟《しゅりょう》のえものは、ノロジカをはじめとするシカ類や、オオカミ、クマなどでした。

大興安嶺《だいこうあんれい》の西には湿地帯《しっちたい》がひろがっていました。

「気をつけて運転しないと、トラックがはまってしまう。ぱっと見たら、わからないんですから。ヤチマタという草がはえていて、ちゃんとした地面に見えてしまうんですが、浮き島だったりするんです。それをたしか、ヤチボウズってよんでいましたね」

実際《じっさい》にトラックがはまったこともあったそうです。そうなったら、車体のあちこちにロープをかけて、ひっぱります。ワイヤーでトラックと木をつなぎ、ジャッキを使ったりもしますが、さいごは人の力でひっぱりあげるしかありませんでした。

「かけ声と同時に、力いっぱいロープをひっぱるんですよ。みんなで力まかせに、せーの、と。そうすると、ぐぐっとトラックがひきあげられてくる。こういうのも楽しみのひとつでしたよ、今から思えば」

完司《かんじ》さんたちは、パオトウという、内《うち》モンゴルのちいさな都市まで足をのばしました。完司さんは「たいした距離《きょり》じゃない」といいますが、フラルキとパオトウのあいだに、すっぽりと日本《にほん》の本州《ほんしゅう》が入ってしまうくらいの距離《きょり》があります。そこまで、あっち行き、こっち行きして、無計画に走りまわりましたが、事故《じこ》らしい事故《じこ》もなくてすみました。

大平原を走りまわるなかで、人びとのくらしにふれることもありました。内《うち》モンゴルに足をのばしたときでしょうか、出会ったのは、おそらく遊牧民《ゆうぼくみん》の人たちでした。

「平原にとつぜん、パオがあるんですよ」

パオというのは、モンゴル高原にくらす民族の移動式の家です。構造《こうぞう》はテントをりっぱにしたようなもので、まるいかたちをしています。モンゴル語でゲル、中国語《ちゅうごくご》でパオといいます。

「見わたすかぎりの草原に、ぽつん、とパオがひとつ。なかはゆうに八畳《じょう》はあります。そこで家族でくらしているんです。中国人のようだったけど、あるいは、モンゴル人との混血《こんけつ》だったかもしれません。

羊《ひつじ》とかを放牧《ほうぼく》していたのかな。どこのパオでも歓迎《かんげい》してくれましたよ。わたしたちのなかには言葉が達者《たっしゃ》なのがいなかったですから、身ぶり手ぶりですが、危害《きがい》をくわえようという気のない人間だということは、見ればわかりますから。人相《にんそう》を見れば、すぐにわかる。それに、こんな人里はなれたところに、トコトコとやってくる人間なんて、めずらしかったんでしょう。言葉はわからないけれど、よく来た、という感じで、ごちそうしてくれましたよ。

かまどに粉をねったのをぺたりとはりつけてやく、ちょうどインド料理に出てくるパンみたいなのとか、あとは羊肉《ひつじにく》を使った料理です。燃料《ねんりょう》はふん。動物のふんです。羊《ひつじ》のものもあります。たしか馬のふんはよくもえるけれど火もちがわるい、羊《ひつじ》や牛のふんは、火もちがよくて高温になるんですよ。そういうのを、使いわけているんですね。パオのなかは土間です。そこにじゅうたんをしいたり、羊《ひつじ》の毛皮をしいたりもしていました」

完司《かんじ》さんたちはいちどだけ、かなりこわい思いをしたことがありました。パオトウにむかうとちゅうのことです。

「ハイラルからパオトウにむかうとちゅうの川、なんていったかなあ、アムール川の上流になるんでしょうか、とにかく大きな魚をつろうって、ねばったんです。チョウザメを一匹だけつりあげました。アムール川はチョウザメがとれるんで有名ですが、そのときは、知らなかった。チョウザメの卵をとるんですよね。キャビアです。でも当時は、わたしたちのだれも、キャビアという名前すら知らなかったです。魚をやいて食べたはずだけど、味はおぼえてない。それほどおいしくなかったのかもしれないなあ。
そのあとですよ。川のちかくで夜をあかしたんですが、オオカミがあつまってきてね。ひと晩《ばん》じゅう、ほえるんです。あれは不気味《ぶきみ》でしたねえ。オオカミがこれ以上、ちかづいてこないようにと、みんなで必死にたき火をしました」

そんな日々を、完司さんは、

「今から思えば、あんな気楽で、楽しい毎日はなかったですねえ」

というのでした。

研修期間を終えると、フラルキから会社の本部があるチチハルにうつりました。、農産《のうさん》物検査法《ぶつけんさほう》という法律の勉強をするためです。満州《まんしゅう》では、日本《にほん》でもまだ使っていなかった国《こく》際基準《さいきじゅん》を採用《さいよう》していました。

チチハルは、フラルキとは三十キロしかはなれていないところにある、大きな町でした。駅のまわりには背の高いビルがたちならんでいます。法律をまなぶ研修所は、五階建ての灰色《はいいろ》っぽいビルでした。寝泊《ねと》まりする宿舎《しゅくしゃ》は、駅からはなれたところにありました。それが、とてもふしぎなつくりだったといいます。

千坪《つぼ》ほどの四角い土地の四辺をかこむように、ロの字の形をした建てものがあります。この干しレンガでつくられた宿舎《しゅくしゃ》に、四、五十人でくらしたそうです。これを外から見ると、レンガのかべがぐるりとそびえたつようです。南についた門からしか、なかには入れません。門には衛兵《えいへい》がいたそうです。中央にたつ家は、研修生の食堂になっていました。

あとから完司《かんじ》さんは、この宿舎《しゅくしゃ》が馬占山《ばせんざん》という有名な馬賊《ばぞく》の頭領《とうりょう》の住んでいた家だったと、教わりました。

「馬賊《ばぞく》というのは、馬にのったやくざとでもいったらいいのかな。外では、ぬすみとかもしますが、地元の人たちにとっては用心棒《ようじんぼう》でもあるんです。わたしが行ったころには、馬《ば》占山《せんざん》はもう、警察《けいさつ》につかまったあとだったと思います」

そのことを教えてくれたのは、中華料理店《ちゅうかりょうりてん》の店主です。そのお店は、宿舎《しゅくしゃ》と研修所のちょうどまんなかあたりにありました。はじめは研修生のみんなと行ったのですが、完司さんはお店が気に入って、ひとりでも行くようになりました。そのうちに店主のおやじさんとなかよくなりました。

「行けば、調理場に通されるようになってね。そこで料理をながめましたよ。まな板は大きな丸太を輪切りにしたもので、テーブルくらいあってね、それが、でん、とおいてある。その上で、肉でも野菜でも大きな包丁《ほうちょう》一本で、器用《きよう》に切るんです。めんを打つんでも、包《ほう》丁《ちょう》で切ったりなんかしません。こう、両手で小麦粉をねったのを、ばん、ばん、と空中にほうりあげてのばしていくんです。すると、ほそくなってね、それはみごとですよ。まねしようったって、できないですよ。かと思うと、ぎょうざをぱっぱっぱっぱっと、つつんでいってね、横では大きなせいろがつみかさねられていて、もうもうと湯気《ゆげ》が上がっている。そうしてできたての料理をすこしずつ、ごちそうになりました」

完司《かんじ》さんはよほど気に入られたのでしょう、この店主は字のうまい人で、漢詩《かんし》などを筆で書いては、完司さんにくれたそうです。

「このときだって、身ぶり手ぶり。けっきょく言葉はおぼえませんでした。というか、多少はできるようになるんですが、いちど大失敗をしてね。それが何だったのかは思いだせないんですけれど、ちゅうとはんぱな言葉を使うと、かえってまちがいのもとだと痛感《つうかん》して、あとはもう、身ぶり手ぶりで通した。それでも、気心というのは伝わるもんだね。それで不自由しなかったですよ」

このころの思い出で、完司さんのお気に入りの話に、松花江《しょうかこう》のつりのことがあります。

松花江《しょうかこう》は川魚がよくつれることで有名な川でした。完司さんによると、えさは何でもかまわないのだそうです。つり糸に針をいくつも下げて、とにかくえさをつけておけば、魚がよってきてつれてしまう。しかも、一回ひきあげると、何十匹もいっぺんにかかってくるというのです。完司さんがつりに行ったのは、冬でした。漁師《りょうし》がとった魚を川岸につみあげていましたが、魚がたちまちこおって、かちんこちんになりました。

「それにしても、ここではもう、しっぽからだって、つれるんですから」

完司さんによると、あまりに魚がひしめきあっているので、針に魚がひっかかって、しっぽからだろうとつれてしまう、というのでした。

のちに新潟《にいがた》に帰って、その話をすると、だれも信じてくれなかったばかりか、お母さんからは、「大ボラふいてはずかしい」とまでいわれたそうです。

「でもね、ほんとうなんだから」

と、完司《かんじ》さんは声をたててわらいました。

農作物《のうさくぶつ》の収穫期《しゅうかくき》がはじまる八月末、チチハルの研修をおえた完司さんは、泰安鎮《たいあんちん》に赴任《ふにん》することになりました。泰安鎮《たいあんちん》は、大平原を走りまわる気楽で楽しい日々の話をしていた完司さんが、

「満州《まんしゅう》でいちばんよかったのは、その後の、泰安鎮《たいあんちん》ですごした月日です」

といいつづけた場所です。その泰安鎮《たいあんちん》で、いよいよ検査官の仕事をすることになったのです。

第6章 土地風のくらし

泰安鎮《たいあんちん》は、フラルキよりさらにちいさな、いなか町でした。

「駅もちいさくてね、でも農作物《のうさくぶつ》の集積地《しゅうせきち》ですから、駅のちかくは線路でうまってる」

うまってる、といいたくなるくらいに、泰安鎮《たいあんちん》の駅には、何本ものひきこみ線がならんでいました。農作物《のうさくぶつ》を列車につみこむために、本線の線路から、何十本もえだわかれした線路が出ていて、それが地面をうめつくしていたのです。

「リャンギョウ線とよんでいました。漢字は…リャンは食糧《しょくりょう》の糧《りょう》かな。ギョウは、業務《ぎょうむ》の業《ぎょう》かなあ、音でおぼえているので、わかりませんが」

泰安鎮《たいあんちん》は城壁《じょうへき》にかこまれた町で、東西南北に門があって、門ごとに警官《けいかん》がいました。人口は四万人弱。日本人《にほんじん》はそのうち、たったの三人で、あとはみんな中国人《ちゅうごくじん》でした。はじめて満州《まんしゅう》に来たときに完司《かんじ》さんがくらしていた大連《だいれん》とは大ちがいです。三人の日本人は、完司さんと、先輩《せんぱい》の検査官《けんさかん》、もうひとりはどこかの会社につとめていて、会ったことはないそうです。駅は町から三キロくらいはなれていました。中国では、町のできたあとに鉄道を通したので、たいていの駅は町はずれにありました。駅と町をむすぶのりものは、マーチョ、馬車です。

「マーチョには番号がついていて、わたしはいつも、同じマーチョにのりました。駅からマーチョにのると、とちゅうの景色《けしき》は、どこを見ても畑、畑、畑。農家がぽつり、ぽつりとあってね。やがて城壁《じょうへき》が見えてきます。赤茶色の干しレンガを

つんだ、うつくしい城壁《じょうへき》でした。家はレンガでなくて、土かべです。わたしたちの宿舎《しゅくしゃ》も土でできていました。宿舎《しゅくしゃ》といっても、中国人《ちゅうごくじん》のふつうの家をかりて、わたしたちふたりと、中国人のお手伝いさんがひとりとでくらしたんです」

はじめて完司《かんじ》さんのくらしぶりが、その土地にすむ、ふつうの人たちと同じようになりました。それを完司さんは「土地風になった」とうれしそうにいいます。

「ああ、やっと中国に来たなあ、と感じましたね。ここにいた期間が、わたしはいちばん好きだった」

このときは、もちろん泰安鎮《たいあんちん》も満州国《まんしゅうこく》の町でしたが、完司さんは満州国《まんしゅうこく》といわず、中国、といいました。大連《だいれん》は人口の半分が日本人の町だったけれど、泰安鎮《たいあんちん》は中国人の町だったのです。

家は、玄関を入ると土間になっていて、ろうかにそって部屋《へや》がふたつ、ありました。左の部屋が先輩の検査官で、右の部屋《へや》が完司さんです。それぞれにとびらがあって、なかに入ると、靴《くつ》をぬぐためのせまい土間があります。部屋《へや》の床《ゆか》も土でできていて、土間より一段高くなっています。ちょうどこしかけるのにいいくらいの高さです。この床《ゆか》の下が空洞《くうどう》で、外から火をつけたワラなどをさしいれて、部屋《へや》をあたためるしくみになっていました。

このような暖房《だんぼう》の設備《せつび》は韓国《かんこく》のオンドルが有名ですが、中国の東北部《とうほくぶ》でも、むかしから伝統的に使われていました。完司さんたちが仕事から帰ってくるまでに、お手伝いさんがひとたばのワラをもやして、部屋をあたためておいてくれます。気温がマイナス二十度になる冬も、ひとたばのワラのおかげで、朝まであたたかくすごせたそうです。

「家具は何もなかったです。服とかは、かべにかけました。服は会社からぜんぶ支給《しきゅう》されます。寒いですからねえ、内側に毛皮のついたコートなんかも、もらいました。窓《まど》は二重になっています。窓《まど》と窓《まど》のあいだが三十センチくらいあるので、そのあいだに冷凍食品《れいとうしょくひん》をおいたりできる。この二重窓《にじゅうまど》はよかったですよ。保温効果《ほおんこうか》ばつぐんで。このおかげで、外がどんなに寒くても、部屋《へや》があたたかくたもてるんです」

完司《かんじ》さんはよほど二重窓《にじゅうまど》が気に入ったようで、今すんでいる家をたてるときに、北側の窓はぜんぶ二重窓《にじゅうまど》にして、大工さんにずいぶんめずらしがられたそうです。

泰安鎮《たいあんちん》での完司さんの仕事場は、駅でした。朝、出かけていくと、リャンギョウ線のわきに、農作物《のうさくぶつ》を入れた袋がつみあげられています。袋のなかみは、ゴマ、大豆、小麦、それから油かすなどです。油かすは、ゴマや大豆、落花生などから油をしぼったあとのかすで、肥料《ひりょう》や家畜《かちく》の飼料《しりょう》に使われました。それと油もありました。これらは満州《まんしゅう》のあちこちの農場からあつめられ、はこびこまれた農作物《のうさくぶつ》です。

「油以外は南京袋《なんきんぶくろ》に入れられていました」

南京袋《なんきんぶくろ》というのは、麻縄《あさなわ》を編《あ》んでつくったじょうぶな袋のことです。

ひと袋が三十キロとか、六十キロの大袋だったそうです。毎日、リャンギョウ線には、五十もの列車がやってきます。それぞれが七両編成で、一車両につみこむ南京袋《なんきんぶくろ》は三百八十袋です。ということは、十万をかるくこえる、おびただしい数の南京袋《なんきんぶくろ》が、いっせいにならべられていたことになります。

「見わたすかぎりの食料です。壮観《そうかん》でしたねえ」

これらの農作物《のうさくぶつ》が、輸出《ゆしゅつ》してもいい品質かどうかを検査するのが、完司さんたちの仕事でした。検査に合格したものは、夜のうちに列車につみこまれ、ソ連《れん》のシベリアやヨーロッパにはこばれていきます。泰安鎮《たいあんちん》からではありませんが、満州《まんしゅう》からは日本《にほん》にも、大豆の油をしぼったあとの油かすが、肥料《ひりょう》として大量にはこばれていました。

農作物《のうさくぶつ》をしらべる検査項目は十くらいあって、ゴミがまじっていないかや、乾燥《かんそう》のぐあいや、脂肪分《しぼうぶん》が何パーセントあるかなど、それぞれの検査機械で測定《そくてい》します。その結果を、検査内規《けんさないき》という決まりにてらして、農作物《のうさくぶつ》の等級を決めました。等級は、上中下の三段階があって、それぞれの段階に、また上中下があるので、ぜんぶで九段階です。下の下にもならなかったものは、等級外といって輸出《ゆしゅつ》できなくなります。等級外の袋は荷主《にぬし》が持ちかえって、こんどは合格するように、できのいいところばかりをつめかえて持ってくることになります。荷主《にぬし》というのは、農民ではありません。農作物《のうさくぶつ》を農家から買いあげて商《あきな》う、糧桟《リャンザン》とよばれる商人でした。

すべての南京袋《なんきんぶくろ》のなかみを、ひとつずつ検査することは不可能でした。そこで、いくつかの袋《ふくろ》をえらんで検査することになります。毎朝、完司《かんじ》さんたちは、中国人《ちゅうごくじん》の助手七人に、「直線」とか「波型」などと、試料《しりょう》のとり方を指示しました。助手のひとりが先のとがったほそい筒《つつ》を袋《ふくろ》にさし、なかの農作物《のうさくぶつ》をぬきとると、別の助手が持っている袋《ふくろ》に入れます。袋《ふくろ》に番号をつけて、どこからとったものかがわからなくならないように整理します。量が量なので、試料《しりょう》をあつめおえるのに午前中いっぱいかかることもめずらしくなかったそうです。それを事務所にはこびこんで、ようやく完司さんたちの機械による検査がはじまります。

「検査結果が出るのが午後三時とか四時。そのころまでに、各地から荷主《にぬし》が馬車でやってきて、わたしらが事務所から出てくると、一列にずらりとならんで待っているんですよ。等級外が出ませんようにと気をもみながら、ね。等級外にならなくても、どんな等級がつくかで値段が上下するわけですから、一大事なわけです」

やがて荷主《にぬし》の人たちが、週に二回くらい、完司さんたちを食事によんでくれるようになりました。

「宴会《えんかい》のようなものです。まあ、よろしく、ということだったのでしょう。それで検査結果がかわるわけではないんですけれどもね。とにかくみんなで来い、といって、熱心《ねっしん》にさそってくれるので、ことわりきれなかった。

むこうの宴会《えんかい》がそうなのか、ぐるぐる部屋をうつる方式で、おもしろかったですよ。ひとつの部屋でテーブルの料理を食べおえると、じゃあ、といっせいに立ちあがって、つぎの部屋にうつるんです。そうするとつぎの料理がテーブルに用意されている。お酒も出ましたが、わたしはお酒が苦手なのでことわりました。しつこくすすめられたことは、いちどもありませんでしたね」

完司《かんじ》さんは駅長さんともなかよくなって、自宅に何回かまねかれました。ご家族といっしょに、家庭料理をいただいたりもしたそうです。

「駅長さんがわたしの茶わんに、これも食べろ、もっと食べろと、大皿からおかずをとってもりあげてね。そういえばこの駅長さんが、身よりのない少年をかわいがっていましたよ。駅に住みついたのをおいだしたりしないで、食事をわけてあげていたようでしたね。中国語《ちゅうごくご》で何か意味のある言葉なのか、その子の名前だったのかはわかりませんが、『げずもう』とよんでいました。十歳《さい》くらいの中国人の子で、満州族《まんしゅうぞく》だっていってたかな。毎日、駅でうろうろしていて、ちょっとした仕事をしては小銭《こぜに》をもらって生活していました。駅では手荷物を持って到着する人もいますから、そういう荷物をマーチョまではこんで駄賃《だちん》をもらうとか、ね。駅長室とわたしたちの検査所《けんさしょ》を行き来していましたよ。いつのまにかいなくなってしまったけど」

駅には、農家の人たちが、とれた作物《さくもつ》を売りに来たりもしました。

「わたしがマーチョにのろうとしていると、農家のおばさんが、とれたての作物《さくもつ》をかかげて、『食べない?』って聞くんです。イチジクとかね。マクワウリは、これくらいの……二、三十センチかな、まんまるじゃなくて、ラグビーボールみたいなかたちだった。

それと、あれはいつの季節だったのかなあ。スイカなのに寒かった記憶があるんですが、おばさんが『食べない?』ってね。きっとそれだけが知っている日本語《にほんご》だったと思いますよ。わたしからは、ぜったいにお金をとろうとしませんでした。その場で食べてね、おいしい、というと、それでよろこんでくれてね。それにしても、あのスイカはおいしかったなあ」

完司さんが「中国でいちばんこわかった経験」という事件は、泰安鎮《たいあんちん》にいるときにおきました。泰安鎮《たいあんちん》に馬賊《ばぞく》がおそってきたのです。

馬占山《ばせんざん》の話をしたときに、完司さんは、馬賊《ばぞく》は盗賊《とうぞく》だけれど、地元の人にとっては用心棒《ようじんぼう》だといいましたが、今回は、盗賊《とうぞく》としてやってきたのです。集団でおそってきて、手むかえば殺されるともいわれました。

「泰安鎮《たいあんちん》は城壁《じょうへき》にかこまれていましたから、そうかんたんには入ってこられないはずなんですが、東西南北の門をまもるはずの守衛《しゅえい》が、みんなにげてしまって。だから馬賊《ばぞく》が町のなかまで入ってきて、うちの戸口まで来たんですよ。もっともそのときまでには、馬賊《ばぞく》が来たって、大さわぎでしたので、中国人《ちゅうごくじん》がわたしたちに、こっちへ、って手まねきしてね、地下にかくしてくれました。戸口まで馬賊《ばぞく》が来たようでしたが、ごくふつうの農家で、お金になるようなものもないので、そのまま行ってしまいました。商店とかは被害《ひがい》にあったようです。にげた守衛《しゅえい》は関東軍《かんとうぐん》に、つまり日本《にほん》の軍隊ですね、助けをもとめに行ったんだそうです。関東軍《かんとうぐん》がちかくにいたんですね、知りませんでした。けっきょく、まにあわなかったですけどね。あとしまつには、来たのかな。わたしは、見かけませんでしたが」

完司《かんじ》さんから、馬賊《ばぞく》がおそってきた、と聞いたとき、わたしはもしかして馬賊《ばぞく》が、日本人がいると知って来たのだろうか、と思いました。というのは、馬賊《ばぞく》のなかには、抗日運《こうにちうん》動《どう》という、日本が満州《まんしゅう》を支配することに反対し、日本人をおいだそうという運動にくわわった人たちがいたからです。馬占山《ばせんざん》も、もとは馬賊《ばぞく》でしたが、やがて軍人となり、先頭にたって抗日運動《こうにちうんどう》をくりひろげました。馬賊《ばぞく》が日本軍や日本人をおそう事件はめずらしくなかったのです。

けれども完司さんは、馬賊《ばぞく》からかくれていたとき、とくに日本人をねらうかもしれない、とは思わなかったといいます。このとき以外にも、完司さんは満州《まんしゅう》にいるあいだに、日本人であることでおそわれそうになったことはありませんでしたし、差別されたり、いやがらせを受けたりしたこともありませんでした。

この事件をのぞけば、泰安鎮《たいあんちん》はどこも治安《ちあん》がよくて、安全な町でした。夜、ひとりで歩いていても、まったく心配はなかったそうです。夜になると、町のあちこちに赤いあかりが空にうかんで見えました。銭湯《せんとう》のしるしです。背《せ》の高い杭《くい》がたててあって、夜になると、てっぺんの赤いランプをつけるのです。

「けっこうたくさんありました。チチハルの町でも見ましたね」

銭湯《せんとう》に行くというのは、どことなく、家族で行楽《こうらく》に出かけるような感じがあったそうです。お風呂《ふろ》に入るだけでなく、みんなそろって食事ができるようになっていました。

「それぞれの家には、ふつう、風呂《ふろ》がありません。銭湯《せんとう》は、ぜいたくではなかったですが、そんなにしょっちゅう行くわけでもなかったようです。日本人《にほんじん》みたいに、毎日のように入浴する習慣はないんですね。銭湯《せんとう》は、むこうでも『せんとう』といっていた気がします。脱衣場《だついじょう》のとなりにまた部屋があって、木のベッドがならんでいます。そこに、はだかで寝《ね》っころがって、マッサージをしてもらいます。むしタオルの上から、パンパン！ とものすごくいい音をたててマッサージするんです、うまいもんですよ」

大いそがしの日々は、収穫期《しゅうかくき》のあいだだけです。長くきびしい冬がやってくれば、完司《かんじ》さんたち検査官の仕事も終わりです。

収穫期《しゅうかくき》が終わったら、ひとまずチチハルの本部にもどります。ここで新しい検査基準を勉強しなおし、また次の赴任地《ふにんち》で検査官としての仕事をするのです。完司さんもそのつもりでした。けれども、そうはなりませんでした。チチハルで一通の通知が完司さんをまっていたからです。入隊命令《にゅうたいめいれい》、つまり兵士として軍隊に入れ、という通知でした。一九四三年の十二月、完司さんは二十一歳《さい》になっていました。

この通知に、完司さんはおどろきませんでした。二十歳《はたち》になったら、兵役《へいえき》、つまり軍隊の仕事をはたす義務《ぎむ》があることは、知っていたからです。完司さんには仕事があったので、兵役《へいえき》を一年おくらせてもらっていたのでした。

当時、日本の男子は二十歳《はたち》になると、徴兵検査《ちょうへいけんさ》とよばれる身体検査を受けなくてはなりませんでした。体格や健康状態によって、甲《こう》・乙《おつ》・丙《へい》・丁《てい》・戊《ぼ》の五段階

にふりわけられます。甲《こう》・乙《おつ》に分類されると、現役兵として二年間、兵士としてのつとめをはたさなくてはなりません。完司《かんじ》さんはすでに徴兵検査《ちょうへいけんさ》をすませていて、結果は乙《おつ》でした。

一九四三年の十二月といえば、太平洋戦争《たいへいようせんそう》がはじまって、まる二年がすぎたところです。この時期に軍隊に入るということは、戦地に送られるということでした。完司さんも、そのことはわかっていました。ただ、どこの戦地に送られることになるかまでは、知りませんでした。ほかにも完司さんの知らなかったことがあります。日本《にほん》が苦戦《くせん》している、ということでした。

日本が真珠湾《しんじゅわん》に奇襲《きしゅう》をかけて太平洋戦争《たいへいようせんそう》がはじまり、第二次世界大戦《だいにじせかいたいせん》に突入《とつにゅう》したのは、一九四一年十二月のことでした。翌年《よくとし》にはもう、日本にとって苦しい戦いがつづくようになっていました。戦争は、いくらでも若者《わかもの》を必要とします。はじめは二十歳《はたち》でも学生なら兵役《へいえき》をのばすことができました。けれども、一九四三年十月には「学徒出陣《がくとしゅつじん》」といって、学生も兵隊にとられるようになりました。同時に、甲《こう》・乙《おつ》だけでなく、丙《へい》になった人も、兵隊に入れられることになりました。日本は敗戦《はいせん》につぐ敗戦《はいせん》で、それほど兵士がたりなくなっていたのです。

そのことを、完司さんは知りませんでした。さらに、自分がグアム島《とう》にむかうことになることも、ほかの太平洋《たいへいよう》の島々でアメリカ軍と戦った日本軍が全滅《ぜんめつ》していたことも、知りませんでした。完司さんだけではありません。こんなふうに日本が負けつづけていることは、日本国民には知らされていませんでした。日本は勝ちすすんでいる、と聞かされていたのです。だから完司さんも、生きてもどってこられないかもしれないなどとは、考えませんでした。


「二年は兵役《へいえき》について、そのあとは、今の仕事をつづけようと思っていました。世界に通用する検査でしたからね、ほこりを持ってやれる仕事ですから、そこにもどる考えでした」

こうして、完司さんの二度目の満州《まんしゅう》での生活が終わったのでした。

第7章

記憶《きおく》からぬけおちていた満州《まんしゅう》

入隊命令《にゅうたいめいれい》を受けとった完司《かんじ》さんは、いったん休みをとって、故郷《こきょう》にあいさつにもどりました。

「はじめて飛行機にのりましたよ。新京《しんきょう》から福岡《ふくおか》まで、とんだんです」

新京《しんきょう》というのは満州《まんしゅう》の首都です。いまの長春《ちょうしゅん》で、当時から政治、経済、文化の中心地でした。

「飛行機は片道で百円しました。校長をしていた父の月給が百三十円くらいだったかな、そんな時代にです」

完司さんは、野戦高射砲《やせんこうしゃほう》第五十二大隊に入隊することが決まっていました。三百六十八人からなる部隊です。

「本拠地《ほんきょち》は愛知《あいち》で、そっちの方言の人が多かったです。そのときは関西弁《かんさいべん》と思っていましたけれど、ちがうんだそうですね。この隊は三つの中隊と、もうひとつ、食料などを調達《ちょうたつ》する段列《だんれつ》とよばれる隊とにわかれていました。わたしは第二中隊、山岡中尉《やまおかちゅうい》の隊なので山《やま》岡隊《おかたい》ともいいましたが、五十人くらいでした」

じつは五十二大隊は、以前なら兵隊にならなかったような、あまり体格がよくない丙種《へいしゅ》や、完司さんより年上の人たちのよせあつめだったといいます。自分からのぞんで兵士になった人など、まずいなくて、義務《ぎむ》だからしかたない、という人が多かったそうです。

「おおっぴらにはいえないけどね」

と完司さんはつけくわえました。

入隊の場所は満州国《まんしゅうこく》の孫呉《そんご》でした。第五十二大隊をふくめ、さまざまな部隊《ぶたい》が孫呉《そんご》にあつまっていたのです。故郷《こきょう》から孫呉《そんご》にむかうのが、完司さんの三回目の満州《まんしゅう》への旅でした。

「孫呉《そんご》へは、チチハルから汽車で行きました」

孫呉《そんご》は完司《かんじ》さんが滞在した満州国《まんしゅうこく》の土地のうち、今まででいちばん北にある都市です。ソ連《れん》国境ちかくにある黒河《こくが》まで八十キロほどでした。チチハルから孫呉《そんご》にむかう列車は、完司さんが「満州《まんしゅう》でいちばん好き」な泰安鎮《たいあんちん》を通ったはずです。でも、完司さんはそのことをおぼえていませんでした。

「通ったのかなあ。通ったことになりますね。ハルビンから来る鉄道とぶつかって、ここがなんていったか……あれっ、そこで一泊したかもしれない……いや、どうだったかな。で、孫呉《そんご》の駅が……どうだったかな、わすれちゃったけど……ちいさいでしょうね。泰安《たいあん》鎮《ちん》も駅はたいしたことなかったですよ。町は城壁《じょうへき》でかこまれて……あ、孫呉《そんご》は城壁《じょうへき》でかこまれていなかったか」

孫呉《そんご》の駅から部隊の駐屯地《ちゅうとんち》まではひとりで行ったはずですが、そのあたりの記憶《きおく》もあいまいだそうです。ただ、軍の駐屯地《ちゅうとんち》の門である、営門《えいもん》にひとりで立ったことはおぼえているそうです。

「ちいさな小屋みたいなのがあって、そのなかに営兵《えいへい》がいたんです。それが満州《まんしゅう》ではじめてまぢかで見る兵士でした。たくさんいたのでしょうが、それまで満州《まんしゅう》で軍服をきた人は見かけませんでした。それで入隊のあたりのことが……なんだか、どうも、はっきりしないなあ」

はっきりしなかったのは、入隊前後のことだけではありませんでした。孫呉《そんご》、ついで鞍《あん》山《ざん》にうつったというのですが、どちらの軍隊生活についても、あんなに記憶力《きおくりょく》のいい完司さんが、しきりに「どうだったかな……」と考えこんでしまいます。

「いやあ、孫呉《そんご》でも鞍山《あんざん》でも、わたしはほとんど隊にいなかったんですよ。暗号教育だの毒ガス教育だの、みんなわたしにまわってくるんですから、そういうのに行かされてばかりで、隊にもどるときはもう、釜山《プサン》にむかうときでね。貨車《かしゃ》に隊のみんながのりこんで、わたしを待って出発したんです」

釜山《プサン》にむかったのは、そこから船にのって戦地におもむくためでした。船にのりこんだ時期を、完司《かんじ》さんははじめ、一月か二月といっていました。入隊が十二月で、ほどなくして船にのったはずだし、あれほど寒かったのだから、と。ところが、いろいろな資料をしらべていくうちに、完司さんをのせた輸送船《ゆそうせん》は、四月にグアム島に上陸したことがわかりました。釜山《プサン》を出たのは、はやくても三月末ころのはずです。

「そうですか。ひどく寒かったけれど、三月になっていたんですねえ」

すると、入隊してから満州《まんしゅう》をたつまでに四か月ちかい期間があったことになります。泰安鎮《あんちん》にいたのが三か月半ですから、それより長い月日です。そのあいだ、完司さんは暗号教育にかりだされたりしていました。満鉄《まんてつ》をやめたあと、逓信養成所《ていしんようせいじょ》で通信科の勉強をしていたからかもしれません。暗号教育を受けた期間を、完司さんはあるときは十日といい、あるときは二、三週間といい、あらためてお聞きすると、長くて一か月、とのことでした。毒ガス教育は、三時間だったり、三日だったりしました。ともに長い方だったとしても、隊をはなれていた日数より、隊にいた月日の方がずっと長いことになります。

「そうですか。なるほど、そういうことになりますね……」

完司さんはこまったように、八の字まゆで宙《ちゅう》を見あげると、しばし、だまってしまいました。それでも完司さんは、つぎにわたしがたずねて行くと、

「いやあ、おかげで、いろんなことを思いだしましたよ」

と、満州《まんしゅう》での軍隊生活について話してくださいました。それはまるで、ぽっかりと記憶《きおく》からぬけおちていた期間が、ありありとよみがえったみたいでした。

孫呉《そんご》の兵舎《へいしゃ》は、地面をほりさげたなかにたてられ、やねが地面につくくらい大きくて、うずくまった感じのする小屋だったそうです。穴のなかに兵舎《へいしゃ》が何棟《なんとう》かあって、そういう穴がいくつもありました。寒さをふせぐ工夫だったようです。

「あまりの寒さに、目もあかなくなるほどでしたよ。はく息がこおって、まつげがくっついてしまうんです。トイレだって、鉄棒《てつぼう》を持っていくんですから。鉄棒《てつぼう》で、前の人のをカン、カン、と折ってから用をたすんですよ。それをわすれてしゃがんだら、おしりにつきささってしまう。あはは、ほんとうですよ。気温がマイナス四十度にもなるんですから、排泄物《はいせつぶつ》だってそのままこおってしまうんです」

入隊したばかりのことも、思いだしました。完司《かんじ》さんは、新兵《しんぺい》の教育係のところにつれていかれたのです。

「それが工藤曹長《くどうそうちょう》でした。軍服を支給されて、それまでの持ちものはすべて新潟《にいがた》に送りかえしました。自分のものは何もなし。おくところもないですからね」

完司さんは二等兵《にとうへい》の一兵卒《いっぺいそつ》でした。軍隊には階級があって、下から二等兵《にとうへい》、一等兵《いっとうへい》、上等兵《じょうとうへい》とつづきますが、そのあたりまでを一兵卒《いっぺいそつ》とよびました。

「とにかく下っぱの兵士ということです」

そんな下の階級《かいきゅう》で、小学校より上の学校を出ているのはめずらしかったそうです。完司さんは小学校の上の高等小学校どころか、さらに農学校を卒業しています。新兵の教育係だった工藤曹長《くどうそうちょう》は、しょっぱなから完司さんに士官候補《しかんこうほ》になるようにいいました。

士官候補《しかんこうほ》になるというのは、大将《たいしょう》とか、中佐《ちゅうさ》、少尉《しょうい》など、兵隊でも地位の高い軍人になることをめざすということでした。せっかくだから、えらくなれ、といわれたわけですが、士官になれば、兵役義務《へいえきぎむ》である二年間を終えても軍隊にのこることになります。

「わたしは兵隊になりたくてなったわけじゃありません。兵役《へいえき》は義務《ぎむ》だからしかたないけれど、一年か二年、とにかく最低限《さいていげん》のつとめをはたしたら、もとの農産物検査官《のうさんぶつけんさかん》の仕事をつづけようと、そういう考えでした。士官候補《しかんこうほ》になるなんて、とんでもありません。だから曹長《そうちょう》に、わたしはほかのことでお国のお役にたとうと思いますって、ことわりつづけました。曹長《そうちょう》にしてみたらおもしろくなかったんでしょう、いろいろいわれましたが、わたしも、いやとなったらもう、がんこだから」

当時、士官候補《しかんこうほ》になる資格があるのにならないというのは、かなりめずらしいことだったようです。士官候補《しかんこうほ》をことわっても、学歴のせいなのか、完司《かんじ》さんがいっていたように、暗号でも毒ガスでも、特殊教育《とくしゅきょういく》はみんな完司さんにまわってくるのでした。

「最初が毒ガス教育でした。これは秘密《ひみつ》でしたが、どう秘密《ひみつ》なのかは、よくわかりませんでした。なんだか、かくれるみたいにして、山のなかでやりました。場所は孫呉《そんご》です。毒の種類をおそわりました。エペレットとか、リューサイトとか。接触毒《せっしょくどく》といって、さわるといけないのが、エペレットだったかな。吸《す》うといけない毒とかいろいろあって、そういう知識を教わったんです。たいして深いことはわかりませんよ、みじかい教習だもの」

その後、完司さんの隊は孫呉《そんご》から鞍山《あんざん》にうつります。鞍山《あんざん》は孫呉《そんご》からずっと南にくだった、大連《だいれん》から三百キロ北のところにある都市です。鞍山《あんざん》での思い出は「あつあつの粟《あわ》」でした。

「陣地《じんち》からかなりはなれた小高いところに監視台《かんしだい》があって、四人ずつ交代で監視《かんし》に立つんですが、何でだったか、粟《あわ》が手に入ったというので、村の人に炊《た》いてもらって、立ったままあつあつの粟《あわ》を食べたんですよ。隊からはなれているという気安さもあってね、おいしかったですよ、もち米みたいな食感で。あのとき、はじめて食べました」

そのあと、山の上に高射砲《こうしゃほう》をすえつける作業をしているさいちゅうに、完司さんは、新《しん》京《きょう》の関東防衛軍司令部《かんとうぼうえいぐんしれいぶ》に行くように指示されます。暗号教育《あんごうきょういく》を受けるためでした。

「わたしの隊からは、参加者はわたしひとりでした。あちこちから、三十人くらいあつまったでしょうか、ほかはみんな士官《しかん》たちでした。だからもう、待遇《たいぐう》がよくて、勉強するほかは、何もしなくていいんです。わたしらに、そうじもさせなかったですよ。ただ、部《へ》屋《や》を出るときはうっかり暗号に関するものを持ちだしたりしないか、身体検査をされました」

新京《しんきょう》には農産物検査所《のうさんぶつけんさじょ》があって、ちょうど知りあいが来ていることがわかり、あそびに行ったそうです。日曜日が休みで、そんな自由もきいたのです。

けれど暗号教育《あんごうきょういく》が終わる前に、完司《かんじ》さんに、部隊にもどるようにとの命令が出ます。鞍《あん》山《ざん》についてみると、すでに高射砲《こうしゃほう》が貨車《かしゃ》につみこまれ、兵隊《へいたい》も全員貨車《かしゃ》にのりこんで、出発するばかりになっていました。その貨車《かしゃ》で、完司さんも釜山《プサン》にむかったのでした。

一九四四年三月、完司さんは二十一歳《さい》でした。

第8章

この世にない時代

「釜山《プサン》から船にのった瞬間《しゅんかん》、それが、わたしの『この世にない時代』のはじまりです」

完司《かんじ》さんは、わたしの顔を見つめたまま、そういいました。

完司さんには「この世にない時代」がある、とうかがったのは、お話を聞くようになってから、半年になろうという、ある日のことでした。

完司さんはいすにこしを下ろすなり、ちいさなメモをわたしの方にさしだすようにテーブルの上におきました。手にとってみると、「直心院釈義完《ちょくしんいんしゃくぎかん》」と書かれています。

「これがわたしの戒名《かいみょう》です。わたしには、直心院釈義完《ちょくしんいんしゃくぎかん》だった、つまり、『この世にない時代』があるんです」

戒名《かいみょう》というのは、死んだ人につけられる名前です。完司さんには、死んだと思われていた時期があるのです。一九四四年、終戦の一年前に、完司さんの死亡通知《しぼうつうち》が実家にとどきました。それが、まさかまちがいだなんて、わかるはずがありません。家族は完司さんに戒名《かいみょう》をつけ、お葬式《そうしき》を出したのでした。

死亡通知《しぼうつうち》には九月三十日の日付がありました。なぜその日に、完司さんが亡《な》くなったことにされてしまったのでしょう。完司さんは、「それが玉砕《ぎょくさい》の日付なんです」といいました。

玉砕《ぎょくさい》とは「玉《たま》（宝石《ほうせき》）がくだける」という意味で、太平洋戦争中《たいへいようせんそうちゅう》の日本軍《にほんぐん》の全滅《ぜんめつ》を「名《めい》誉《よ》ある死」としてそうよぶようになっていました。正式にはじめて玉砕《ぎょくさい》とよばれたのは、一九四三年五月の、アリューシャン列島《れっとう》のひとつ、アッツ島《とう》での日本軍全滅《にほんぐんぜんめつ》です。完司さんが入隊命令を受けとる半年以上もまえに、玉砕《ぎょくさい》ということばが生まれていたのです。

「アメリカ軍につかまって捕虜《ほりょ》になっていれば、生存が確認できますが、そうでなければ、生きているものやら死んだものやら、わかりません。島じゅうに死体がころがっている状《じょう》態《たい》になった。生きているとわからなければ、まず死んだと考えるしかないわけです。わたしはたったひとりでジャングルに行ってしまったから、まあ、死んだと思われたんですね」

グアム島《とう》の玉砕《ぎょくさい》の日付がいつかは、はっきりしていません。一九四四年七月二十一日、アメリカ軍のグアム島《とう》上陸の日に、すでに日本《にほん》は戦力の大半をうしない、負けが決まりました。ですから七月二十一日を玉砕《ぎょくさい》の日とよぶこともあります。けれども、のこった日本兵による抵抗戦《ていこうせん》がつづけられ、最高指揮官《さいこうしきかん》だった小畑軍司令官《おばたぐんしれいかん》らが自決《じけつ》した、つまりみずから命を絶《た》った八月十一日を、玉砕《ぎょくさい》の日とする資料もあります。そして、完司《かんじ》さんの死亡《しぼう》したとされる日付は、さらに、この五十日ほどあとでした。

わたしは、完司さんの「この世にない時代」は死亡通知《しぼうつうち》の出た日からはじまったのかと思っていました。けれども完司さんにたしかめると、

「いいえ。わたしの考えでは、釜山《プサン》から船にのった時点からです」

ときっぱりと、いわれたのでした。

それは、完司さんがそれまでのくらしにわかれをつげ、いやおうなく戦争に身を投じることになった瞬間《しゅんかん》でした。

完司さんのお話を聞きはじめてから、完司さんはことあるごとに「泰安鎮《たいあんちん》はよかった」

とくりかえしました。それほど思い出ぶかく、愛着《あいちゃく》を感じていた土地に、じつは三か月半しかいなかったと知ったとき、わたしはちょっとおどろきました。でも、みじかいからこそ、かえって印象が強まったのかな、とか、よほど完司さんにとって、いごこちのいい場所だったのだろうか、と考えました。

けれども、「この世にない時代」が満州《まんしゅう》をはなれる時点からはじまると聞いてから、わたしは、完司さんの泰安鎮《たいあんちん》によせる思いに、もっと特別なものを感じるようになりました。泰安鎮《たいあんちん》時代は、完司さんが戦争にひきずりこまれる直前の、生きることにまだ少し気楽でいられた最後の時代でした。そして泰安鎮《たいあんちん》でのくらしこそ、戦地におくられた完司さんが、いつかもどろう、と思いつづけたくらしだったのです。

完司さんの「この世にない時代」がはじまろうとしていました。釜山《プサン》では一隻《せき》の輸送船が、完司さんたちを待っていました。

今までの服は
すべて
返納《へんのう》せよ
新しい服を
支給する
船に
乗りこむ前に
ぼくらは
服をぬぐように
いいわたされた
見てみい
半そでに
半ズボン
夏服だがや
ヒソ
南方《なんぽう》に
つれてかれて
まうで
ヒソ
ゴゴゴゴゴ

3月も
末だのに
さっぶい
なあ
ぶる
冬服すら
ケチるほど
日本《にほん》は
せっぱつまって
るのかな…
ぶる
ぽつり
うわぁ
ふってきた
がや!
ザー
みんな
テントのなかに
入ろまい
ぼくらのような
一兵卒《いっぺいそつ》は
船のなかには
入れない
ザザァー
夜でも
雨でも
甲板《かんぱん》にはった
テントのなかで
すごすのだ
数日後の夜
おー
町のあかりが
見えとる
芝浦《しばうら》だ
芝浦《しばうら》?
ああ
東京湾《とうきょうわん》
だがや

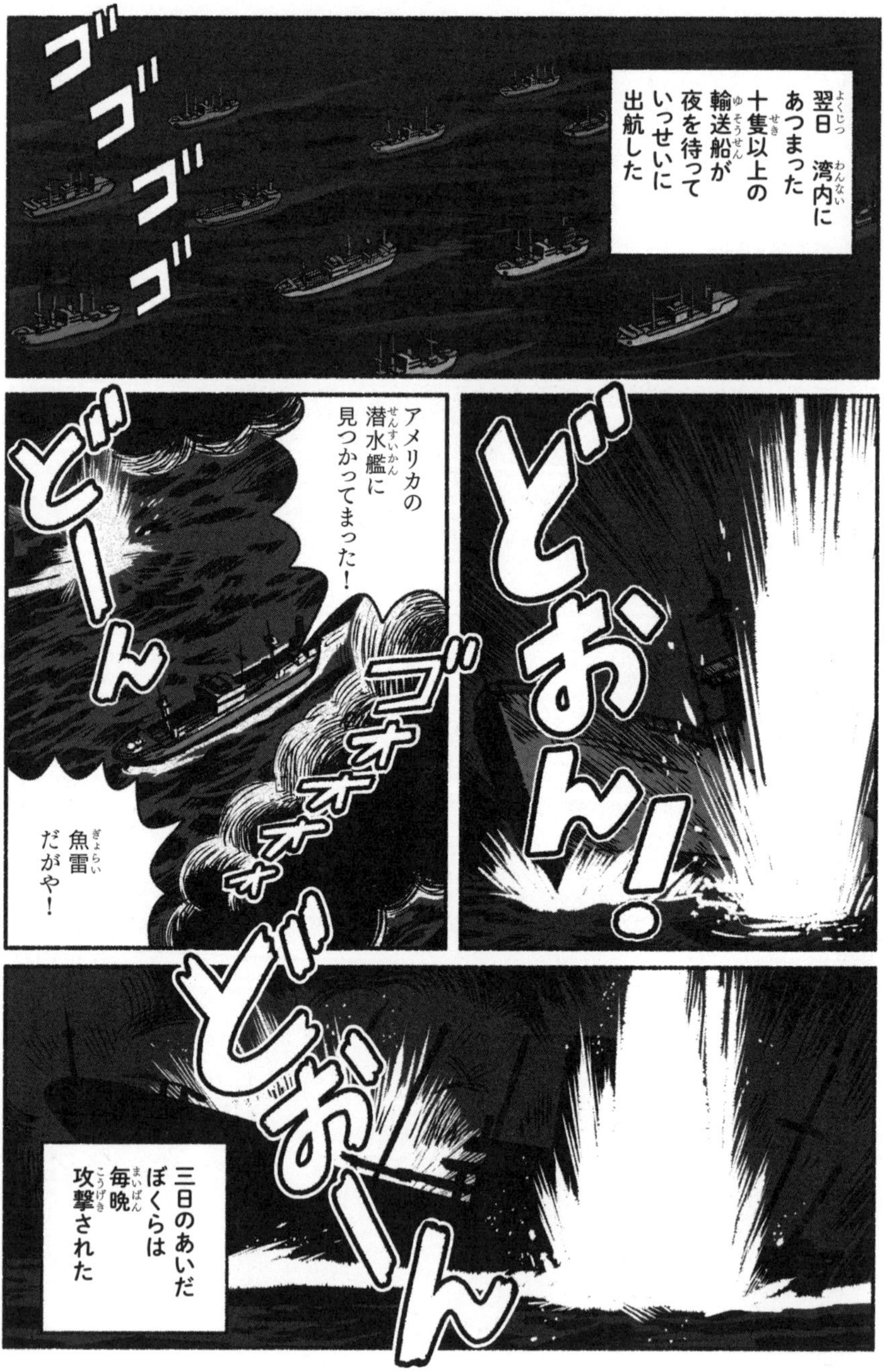

翌日《よくじつ》　湾内《わんない》に
あつまった
十隻《せき》以上の
輸送船《ゆそうせん》が
夜を待って
いっせいに
出航した
ゴゴゴゴ
どおん!
アメリカの
潜水艦《せんすいかん》に
見つかってまった!
ゴオオオォ
どーん
魚雷《ぎょらい》
だがや!
どおーん
三日のあいだ
ぼくらは
毎晩《まいばん》
攻撃《こうげき》された

どおん
どおん
新聞じゃ
勝ってると
そればかり
だったけど
ほんとうは
そうでもないの
かもしれないな…
どおん
ほかの船は
どうなって
まったん
だろう
ザブーン
沈没《ちんぼつ》して
まったん
だろうか
いや
よそに
むかった
かもしれん
ぼくたち自身が
どこに行くのか
ほかの船が
どこをめざして
いたのかも
何ひとつ
知らされない
軍隊《ぐんたい》と
いうのは
そういう
ところだった

やがて風があたたかくなってきた
ザブーン
ぼくらは南にやってきたのだ
島だ！島が見えとる
おーっ
緑のこい島だった見たこともない海の色だ
きれいなとこだなあ…
大宮島《おおみやじま》とかいうんだに
おおみやじま…

それが
グアムだった

完司《かんじ》さんたちは、戦地にたどりつくよりずっと前、それも、日本《にほん》をはなれたとたんに、攻撃《こうげき》を受けることになりました。

「けっきょくしずんだ船があったのかどうか、よくわかりません。集結《しゅうけつ》した船ぜんぶがグアムをめざしていたのかどうかもわかりませんし。そういうことは、一兵卒《いっぺいそつ》には何にもわからない。軍隊とは、そういうところでした」

甲板《かんぱん》にいた完司さんたちは、魚雷《ぎょらい》による火柱《ひばしら》と水柱《みずばしら》があがるなか、なすすべもなく、ただ見ているほかありませんでした。わたしは、「ここで死ぬかもしれないと思いましたか」とたずねました。

完司さんは小首をかしげて、

「いやあ、死ぬかもしれないとは、思いませんでした」

といいます。それでも、「さぞかし、こわかったでしょう」というと、

「さあ……どうだったかなあ……こわかったかもしれないけれど、こわがっても、どうしようもないしね。でも、このときはじめて、日本の戦況《せんきょう》はそれほどよくないのかもしれない、と思いました。南方《なんぽう》は激戦《げきせん》だというのは、なんとなく知っていましたが、それほど、せっぱつまった状況《じょうきょう》とは思っていなかったんです。新聞でも、日本が勝ってる、勝ってる、とそればかりでしたから」

完司さんのいうとおり、ほとんどの新聞は、大本営発表《だいほんえいはっぴょう》という軍から出される情報通りに、戦闘《せんとう》で負けたというようなつごうの悪い事実はかくし、勝った勝ったと、うその記事ばかりをのせていました。一般の人たちが戦争の状況《じょうきょう》を知るには、新聞かラジオ、映画館でながされるニュース映画などにたよる以外にありませんでした。そのなかに、大本営発《だいほんえいはっ》表《ぴょう》ではない、正確な情報を国民に伝えようとするものはなかったのです。完司さんは多くの日本国民と同じように、報道《ほうどう》されるものをそのまま信じたのでした。

雪国育ちの完司《かんじ》さんが兵士としてつれてこられたグアムは、雪などふらない、一年中が夏で、草木が青々としげる熱帯《ねったい》の島でした。海の色も、今まで見てきた海とはまるっきりちがって、明るく、すんでいます。そのころ、グアムは日本《にほん》が占領《せんりょう》していたので、地名は日本風によびかえられて、グアム島は大宮島《おおみやじま》といいました。

完司さんたちは、グアム島の西側からつきだしたオロテ半島《はんとう》（日本名：表半島《おもてはんとう》）のつけねにある、スメイ（須磨《すま》）にむかいました。

「須磨《すま》には飛行場があって、その守備がわたしたちの部隊の仕事でした」

須磨《すま》から北を見ればアプラ湾《わん》（大宮湾《おおみやわん》）、南がアガット湾《わん》（昭和湾《しょうわわん》）、半島を背《せ》にしてグアム島の内陸を見れば、ジャングルのような森におおわれた丘がつらなっています。それぞれ、テンホー山《さん》（天上山《てんじょうさん》）、アリファン山《やま》（有羽山《ありはやま》）と、山の名がついていますが、いちばん高いラムラム山《やま》（大宮山《おおみややま》）でも高さが四〇六メートルしかありません。千メートルや二千メートルをこす山々を見ながら育った完司さんの目には、どれも丘に見えたでしょう。

戦地《せんち》では、休みなどありません。上陸してすぐに、完司さんたちは戦闘《せんとう》にそなえて、高《こう》射砲《しゃほう》をすえつける作業にとりかかりました。高射砲《こうしゃほう》は、航空機を撃《う》ちおとすための大砲のようなもので、一門《もん》、二門《もん》とかぞえます。須磨《すま》には四門《もん》ありました。これをすえつけるには、かなり深い穴をほらなくてはなりません。来る日も、来る日も、穴ほりです。そんな日々を、完司さんは「楽しかった」といいました。

「めずらしいくだものはあるし、おれ、木のぼりがとくいでね。ヤシにも素手《すで》でするするっとのぼっていって、みんなの分もヤシの実をとってあげるんです」

そのころのゆかいな思いがよみがえったからでしょうか、完司さんは、めずらしく、自分のことを「おれ」とよびました。

「それで、『ヤシガニ完司』って、あだ名がついて。はりきってたですよ」

ヤシガニというのは大きなヤドカリの一種です。ヤドカリといっても、貝がらはかぶっていないので、ぱっと見るとカニのようです。ヤシガニは、夜になるとヤシの実を食べに出てきて、幹《みき》をじょうずによじのぼります。朝にはすがたを消してしまいますが、どうかすると、まだうろうろしているのが見つかることがあって、そういうのをつかまえては、ゆでて、食べたそうです。

「うまいんですよ、これが」

けれども、楽しい日々はいつまでもつづきませんでした。

完司《かんじ》さんたちが高射砲《こうしゃほう》四門《もん》のすえつけをおえた二日後に、アメリカの戦闘機《せんとうき》が数機、上空をぐるりと旋回《せんかい》していきました。その翌日《よくじつ》にはアメリカの艦船《かんせん》が、沖に、ずらりとならぶようにうかんだそうです。

わたしは思わず、「わあ……ぞおっとしたでしょうね」とつぶやいていました。

「どうだったかなあ……ぞおっとしても、しょうがないもんね……そのときのあれなんて、わからないな、もう。それからは毎日、上から下から攻撃《こうげき》されてね」

上から下からというのは、戦闘機《せんとうき》からは機銃掃射《きじゅうそうしゃ》といって機関銃《きかんじゅう》で連射《れんしゃ》され、軍艦《ぐんかん》からは大砲《たいほう》による爆撃《ばくげき》があびせられた、ということです。アメリカ軍は実際《じっさい》に上陸する前に、あらかじめ日本軍《にほんぐん》の戦力を徹底的《てっていてき》にたたく作戦でした。

完司さんたちは、須磨飛行場《すまひこうじょう》をめざしてくる戦闘機《せんとうき》をむかえうちました。

高射砲《こうしゃほう》をうごかすときは、一門《もん》につき、指揮官《しきかん》をふくめ十二人がかりです。指揮官《しきかん》以外の十一人が、弾《たま》をこめたり、敵《てき》の飛行機の高度や速度をはかったり、それらの数値をもとに計算しながら砲身《ほうしん》のむきを調節したりします。だれがどこをやってもいいように、全員がすべての作業の訓練をしていました。

「戦闘機《せんとうき》が四機とか五機とか編隊《へんたい》をくんで、わあーっと上からつっこんできます。バリバリバリッと機銃掃射《きじゅうそうしゃ》しながらね。それを見ながら、高射砲《こうしゃほう》を撃《う》つんです。あたらないですよ。わたしたちは二機おとせたくらいですね。一日目、二日目は撃退《げきたい》しましたけど、三日目に、十機くらいとんできたのかな、ガクーンときて、もうやられてたんだ。体がばーん、とはねとばされてね。気がついたら、左足を撃《う》たれてたんです」

こうして完司《かんじ》さんは、片足をうしなうことになったのです。一九四四年、戦争の終わる前年のことでした。

第9章

ヤシガニ完司のカメ生活

負傷した完司《かんじ》さんは、マンガン山《やま》の洞窟《どうくつ》にはこびこまれました。そこが野戦病院《やせんびょういん》になっていたのです。完司さんはそこで、撃《う》たれた左足のひざから下を切りおとしました。縫《ぬ》ったりなどしません。ただ、切りおとしたままでした。

「医者はいるけれど、病院といったって名ばかりでね、医療器具《いりょうきぐ》も何もないんですから」

その三日後のことでした。

「曹長《そうちょう》が、けがでかつぎこまれたんです。あの工藤曹長《くどうそうちょう》です。士官候補《しかんこうほ》になれというのをことわりつづけましたでしょう、それがよほど気に入らなかったんでしょうね、この曹長《そうちょう》にはいじめられましたよ。その人がね、よりによって、わたしのとなりに、寝《ね》かされたんです。そうしたら、曹長《そうちょう》がわたしに気がついて、いったんですよ。君につらくあたってすまなかった、ゆるしてくれって、目に涙《なみだ》をためてね……一生ゆるさないと思ったこともありましたけれど、それでよくなったですよ、もう。けっきょく、亡《な》くなられましたが……

そんなこともありました」

その曹長《そうちょう》から、米軍《べいぐん》（アメリカ軍）がグアム島に上陸したと聞いたそうです。完司さんによると、六月なかばくらいです。アメリカ軍が実際に上陸した七月二十一日とずいぶん日にちにちがいがあります。戦地では、不確《ふかく》実《じつ》な情報がとびかっていたのかもしれません。

「医者が、米軍《べいぐん》も上陸したし、もうここでできることもないので、あとは好きにしてください、と手《しゅ》りゅう弾《だん》をくばったんです。自決する人は自決してください、とね。戦陣訓《せんじんくん》といって、兵士の心得《こころえ》といったらいいでしょうか、それにあるんです、『生きて虜囚《りょしゅう》の辱《はずかし》めを受けず』ってね、捕虜《ほりょ》になって生きのびるくらいなら、自決、つまり自分で命を絶《た》つというのが、当時の陸軍の考えでしたから」

手《しゅ》りゅう弾《だん》は小型の爆弾《ばくだん》です。爆発《ばくはつ》しないようについている安全弁《あんぜんべん》をはずすと、数秒後に爆発《ばくはつ》します。わたしは、野戦病院《やせんびょういん》で、その手《しゅ》りゅう弾《だん》を使って自決した人がいたのかをたずねました。完司《かんじ》さんは音を聞いたから、いたと思う、とこたえています。

「わたしは自決しようとは、思いませんでした。死ぬ気はなかったです。もともと兵隊になるのもいやだったんです。ちゃんと仕事についていたし、それもやりがいのある仕事でしたし。兵役義務《へいえきぎむ》をはたしたら、一日もはやく、帰って仕事をつづけたいと、そう思っていましたから」

完司さんはためらうことなく、はって、野戦病院《やせんびょういん》をあとにしました。

「ふんどしを三丁、かさねてつけてね。ふんどしだけで、あとは、はだかです。手《しゅ》りゅう弾《だん》はとりあえず持って出ましたが、すぐになくしました。片足ではっていきますから、斜《しゃ》面《めん》をすべりおちたんです。気がつくと、なくなっていました。さがさなかったです、持ちあるけるものでもないし。どっちにしろジャングルでは二日もするとしけてしまって、使いものにならなくなるんですよ」

このあと完司さんは、ジャングルでひとり、一年以上もの長い日々を生きぬくことになったのです。アメリカ軍につかまり捕虜《ほりょ》になるまでのおよそ四百日を、完司さんは「カメ生活」とよびました。片足をうしなったために、ジャングルのなかを、カメのように地をはってくらしたからだそうです。

野戦病院《やせんびょういん》になっていた洞窟《どうくつ》を出た完司さんは、ようすをみようと、山の上にのぼってみました。すると、ずらりとアメリカ軍の船のうかぶ海が見えました。それで海とは反対のほうにむかいました。

ただし不自由な体で遠くへは行けません。

まだマンガン山《やま》周辺をうろうろしているあいだに、はげしい銃撃戦《じゅうげきせん》がはじまりました。

上陸したアメリカ軍と、それをおしかえそうとする日本軍《にほんぐん》との撃《う》ちあいは、すさまじいものでした。弾《たま》があたって稜線《りょうせん》がくずれ、山が低くなったという記録がのこっています。グアムの西海岸の沖にいたアメリカの軍艦《ぐんかん》は三百隻《せき》以上。一説には六百隻《せき》ともいわれます。飛行機が二千機、兵士が三十万人。そのうちの五万五千人がグアム島に上陸します。むかえうつ日本兵は、その半分にもみたない、二万八百十人でした。七月二十一日の戦闘《せんとう》で、おそらく半数の日本兵が戦死《せんし》したと思われます。

生きのびた兵士がマンガン山《やま》に集結《しゅうけつ》し、七月二十五日の夜に、さいごの総攻撃《そうこうげき》を決行しますが、それも惨敗《ざんぱい》に終わりました。多くの戦死者が出ただけでなく、もはや反撃《はんげき》する武器もなくなって自決した日本兵もたくさんいました。こうして、わずか数日のうちに、グアムにいた日本兵の八割ちかくが戦死《せんし》したとされます。

こうなると、どこの部隊の兵士が何人いるのかもわかりません。指揮官《しきかん》もどこにいるのか、無事なのかすら、わかりません。そんな混乱状態《こんらんじょうたい》のなか、生きのこった兵士は、ひとまず自分が生きのびる道をさぐるしかなくなったのでした。

「最初のころは、なんとなく数人でよりあってね、組織《そしき》された集団ではないんです。こっちの隊からふたり、別の隊からふたりとか、同じ隊の人が五、六人とか、いろいろです。それも、ついたり、はなれたり。わたしは基本的にはひとりでした。足が不自由ですから、世話になるばかりで何もできないですし。世話をしてくれる人たちは、いましたけどね」

ジャングルににげこんで、まず不足したのは水と食料です。完司《かんじ》さんは、グアムは川が多いおかげで水にはこまらなかったといいましたが、記録によっては、ひどい水不足に苦しんだともあります。偵察機《ていさつき》に見つからないよう、夜になって水場に兵士が殺到《さっとう》し、水のうばいあいで、けんかになったりもしたようです。食料はもっとたいへんでした。まだ、ときどき銃撃戦《じゅうげきせん》のあったころの体験を、完司さんが話してくれたことがあります。

「みんなが食料調達《しょくりょうちょうたつ》に出かけるわけです。たとえば三人で出かけていってふたりでもどってきたり、六人で行って五人で帰ってくるなんてことが、ざらでした。そうして帰ってきた人たちが、豚《ぶた》の肉が手に入ったよ、といって、わけてくれるんです。

もどってこなかったひとりは、敵《てき》におそわれたっていわれたら、そうかもしれません。そうだとしたら、そんな命がけで手に入れたものをいただいてすまない、という気持ちで、つらい。と同時に、これ、ほんとうに豚《ぶた》の肉だろうか、と疑心暗鬼《ぎしんあんき》にもなるわけです。つぎは自分が食べられちまうことになるのかなあ、と。

そういうことが二、三回あって、いずれにせよ、ひとりで行こう、ときめたんです。お世話になりました、と書きおきして、出ていって、それからはさそわれてもグループには入りませんでした」

書きおきするペンや紙は、さがせばいくらでもおちていたといいます。日本兵《にほんへい》の物もアメリカ兵の物もです。あちこちに、死体がいくらでもころがっていたのでした。

「あとから考えると、ひとりで行動することにしたのがよかったのかもしれません。人数が多ければ多いほど、見つかる確率《かくりつ》が高くなりますからね。グアムでは毎日スコールがあります。昼間のうちに、かならずいちどは、ざあっと雨がふるんです。ちっとも寒くありませんから、雨やどりに洞窟《どうくつ》に入ったりはしませんでした。夜もです。人の気持ちとして、穴ぐらに入るというのは、安心なんですね。それで、洞窟《どうくつ》にはたくさんの兵隊がいる。かくれたつもりが、かえってねらわれてしまう。危険《きけん》なんですよね。それが、だんだんとわかってきました。それでも、人は洞窟《どうくつ》に身をよせてしまうんですよね。しばらくするとマンガン山《やま》の野戦病院《やせんびょういん》のあったあたりの洞窟《どうくつ》や貯水池《ちょすいち》は、死体だらけになりました。このとき、ああ、グアムはもう、だめかもしれないな、と思いました」

完司《かんじ》さんは、グアムの日本軍はだめかもしれないと思ったものの、日本がだめかもしれないとは思いませんでした。

「日本は勝っている、でも、ここはやられてるな、と考えました」

野戦病院《やせんびょういん》をあとにしてから、完司さんが、どれだけのあいだマンガン山《やま》にいたのかはよくわかりませんでした。実際にアメリカ軍が上陸した当日に、どこにいたのかもわかりません。

完司《かんじ》さんは、わたしがグアム島《とう》のかんたんな地図を持っていくまで、グアムの地図を見たことがありませんでした。戦地《せんち》の完司さんには、地図も、日付を確認《かくにん》するカレンダーのようなものもなく、戦況《せんきょう》の正確《せいかく》な情報《じょうほう》を知る手だてもありませんでした。完司さんのカメ生活は、ただひたすら、いま、ここ、を生きる日々だったのです。

はって進むのは、うでより、ひざをいためたといいます。


「切りっぱなしのひざの傷口《きずぐち》からは、ウジがわいてね、毎日、あらいました。水なら、日にいちどはスコールがあるので、それであらえる。それにグアムは川の多い島でした。ただ、ジャングル生活をはじめてしばらくすると、どの川も死体だらけでね。川だけじゃない、あの島じゅうが死体だらけになりました。ほとんど白骨死体《はっこつしたい》です。雨はふるし、熱帯《ねったい》ですから、白骨化《はっこつか》がはやい。十日もすれば、骨《ほね》に服がひっかかってるみたいになる。

川べりの死体の上によくヒキガエルがいて、ぐわぁ、ぐわぁ、とないていました。ちょっと草色がかった茶色でけっこう大きい。死体を食べるのかと思ったけど、あれはハエをねらっていたんでしょうね。

死体は日本兵《にほんへい》ばかりではない、アメリカ兵のもありました。ことに最初のころはね。されこうべ（頭《ず》がい骨《こつ》）だけになったのもたくさんありましたが、そうなったらもう、どちらのものだか、見わけはつきませんよ。もっともアメリカは戦死《せんし》者《しゃ》を回収する余裕《よゆう》があったから、野《の》ざらしになることはあまりなかったでしょう。谷間なんて死体だらけで、これが戦争なんだなあと思ったですよ。戦争なんて……しないほうが、いいやね」

完司さんがマンガン山《やま》をはなれられた

のは、トラックにのせてもらったからでした。

「どっかの部隊のトラックだったと思うんですが、はいずって歩いてるから、かわいそうに思ったんでしょう、のっけてくれたんです。戦闘《せんとう》がはげしくないとこまでつれていってくれるって。須磨《すま》、明石《あかし》と反対に海岸ぞいに行ったと思うね」

須磨《すま》は完司《かんじ》さんがいた飛行場のことです。明石《あかし》はマンガン山《やま》の西北にあるアガナ湾《わん》の日《に》本名《ほんめい》でした。

トラックは、まずは東にむかい、そこから、どうやら北にむかったようでした。

第10章 ヒキガエルとジャングルコーヒー

トラックからおりた完司《かんじ》さんは、海岸線にそって、ジャングルのなかを進んでいくことにしました。

完司さんによると、八月もなかばになると、ほとんど大砲の音もしなくなり、銃撃戦《じゅうげきせん》はときどきあったものの、九月からはそれもなかったそうです。記録によると、アメリカ軍が上陸してから終戦までの一年以上、島では銃撃戦《じゅうげきせん》がつづいたとあります。完司さんは、ほんとうに戦闘《せんとう》のはげしくないところにつれていってもらえたのでしょう。おまけに、銃《じゅう》撃戦《げきせん》のあった地点をさけるように、移動したことになります。完司さんなら、そういう勘《かん》がはたらいただろう、という気もしますし、完司さんには、特別《とくべつ》な運の強さがある気もします。

「ひとりでジャングル生活をはじめてからは、まったく自分のペースでくらすことができました。いつもおなかをすかせてはいましたけれどね。いそいで行くところがあるわけでもないですから、体力にあったうごきかたで、ゆっくりゆっくり、進んでいきました」

わたしは、ジャングルでいちばんつらかったことは何かを聞いてみました。

「うーん……つらいってこと、ないですねえ、今考えると。そのときはつらかったんでしょうけれど、今思うと、何もつらいことはなかった気がするんですよ。ちいさいときから自然が好きでしたからね、ジャングルでくらすこと自体はよかったですよ。ジャングル生活がこわいとか、つらいなどとは思いませんでした。ただ、どんな動物がいるのか、それを見きわめるまでは、気をつかいました。それさえわかってしまえばね。危険《きけん》な生きものがいなければ、何もおそれることはありません」

グアムにはヘビがいませんでした。完司さんは、グアムがアメリカ領《りょう》だったときに、アメリカ軍がヘビを退治しようと、毒のあるヒキガエルを島にはなしたので、ヘビが全滅《ぜんめつ》したと聞いていました。だから、ここのヒキガエルは毒があるので、食べてはいけないと部隊で注意されたそうです。

けれども、しらべたかぎりでは、アメリカ軍がヒキガエルでヘビを退治《たいじ》したという記録はありません。グアムにはずっとヘビがいなかったようなのです。ただし現在は、おそらく船荷《ふなに》にまぎれこんで入ってきた毒を持つヘビがいます。当時のグアムには、完司《かんじ》さんにとって幸いなことに、毒ヘビもいなかったし、ヒョウのような大型の肉食獣《にくしょくじゅう》もおらず、また熱帯によくあるマラリアなどの感染症《かんせんしょう》もありませんでした。ただ、ひざの切り口からは、ウジがわきつづけました。

「毎日、川の水か海水であらうようにはしていましたが、ほんとうに、よくばい菌《きん》にやられなかったもんだと思いますよ。一年以上、ジャングルでカメ生活をしましたが、そのあいだ、いちども熱を出したり病気になったりしなかった。じょうぶだったんですね。じょうぶな体に産んでもらって、これだけはもう、親に感謝《かんしゃ》しなくちゃと思います」

かつて「ヤシガニ完司」とよばれた完司さんでしたが、もう、素手《すで》でするすると木にのぼれなくなってしまいました。食べられるくだものを見つけたとしても、高いところになっているものは、とれません。ヤシの実も、おちているのを食べました。おちたヤシの実からは、よく芽がでていました。

「芽がみじかいうちは、実のなかは水です。それも芽が、親指の半分くらいのびたときがいちばんあまい。芽が十センチ以上のびたのは、こんどはなかがサクサクした果肉《かにく》になっています。ちょうど梨《なし》のような感じであまい。空腹《くうふく》のときは、こういうのがありがたかったです。芽も、根もとから折って芯《しん》を食べると、たけのこの若《わか》いのみたいでおいしいし。

のどがかわいているときは、芽のみじかいヤシの実をさがしてね。皮のむきかたは、地面に木の枝を折ったのを、とがった方を上にしてさします。そこにヤシの実をつきさして、ヒビの入ったところから、上にむかってぶあつい皮をむいていくんです。あらい繊維《せんい》のかたまりみたいな皮です。すると、なかから球形の殻《から》があらわれる。あとは石で殻《から》をわりました。この

殻《から》には、かならず穴が三つ、三角形にならんでついていてね、ここから芽や根がのびてくるんです」

グアムには、ヤシの木のおいしげるジャングルがあちこちにありました。ジャングルで生きのびた兵士たちには、自然のめぐみでした。若《わか》いヤシの実にふくまれている水はミネラルが豊富《ほうふ》ですし、完司《かんじ》さんが梨《なし》のようでおいしいという、中身がサクサクになったものをヤシリンゴとよんで、よく食べたという証言がいくつもあります。

ヤシの実はかなりかたくて重たいので、頭のうえにおちてくるとあぶないですが、ヤシの実が、まだなかに水をたくわえているときにおちることも、完司さんにとっては幸運でした。

完司さんは、食べるなといわれていたヒキガエルも食べてみたそうです。

「空腹《くうふく》には勝てません。食べてみましたよ。うしろ足をね。そうしたら、おいしくてね。けっきょく四匹まではだいじょうぶでした。八本まではだいじょうぶ。でも、九本目の足で舌にぴりぴりときて、この毒は四匹まではだいじょうぶだけれど、それ以上はあぶないとわかりました。そのあとは食べませんでした。ヒキガエルはたくさんいるし、つかまえやすかったので、残念でした。不自由な足でつかまえられるものは、かぎられていましたから」

ヒキガエルは、耳腺《じせん》とよばれる頭のうしろの出っぱりや、皮ふのイボなどから毒を出すことが知られています。日本《にほん》にいるヒキガエルも同じです。

グアムのジャングルで生きのびた兵士のなかには、「頭を切るときに、首の横から白い液体が出るので、手足の肉へつけると危険《きけん》だから注意するようにと教わっていた」人たちもいて、気をつけて調理し、食べつづけたと記録にあります。完司さんが食べようとした九本目の足には、きっと毒がついてしまったのでしょう。

ヒキガエルのかわりに、完司さんがよく食べたのは、トカゲでした。

「トカゲもおいしかったです。おいかけてとることはできませんから、ちかくを通るまで、じっと待ちました。ひとりだし、足は不自由だし、じっとすわっているのはまったく苦にならなかったですよ。ほかにすることもないですしね。長さはこれくらい。十五センチというところでしょうか。サーッとちかくを通りすぎようとするのを、ぱっと手づかみするんです。こういうのはうまかったですよ。ちいさいとき、川で魚をよく手でつかまえましたからね」

まだそれほど飢《う》えていないころは、食料がたりなくなったときのために、つかまえたトカゲの皮をはいで日干しにして、とっておくこともありました。日干しにしたトカゲは、ズボンのポケットにいれておきました。服は、死体からとってきました。もう、死体の服をかりるのも平気だったといいます。なんだか、「わけのわからない半ズボン」もはいたりした、というのは、アメリカ兵のすてていったものかもしれません。

アメリカ兵は、ジャングルに、ほかにも役だつものをすてていってくれました。軍から支給《しきゅう》された携帯食《けいたいしょく》セットに入っている缶詰《かんづめ》が、そのへんにごろごろしていたのです。

「食べきれなくて、すてていってしまうんでしょう。缶切《かんき》りなんてなくたって、石でたたけばあけられます。おなかがすいたら、なんとでもするものですよ。いちばんこまるのは、食べられるかどうかがわからないもの。缶入《かんい》りのコーラもおちていたんですけれど、けっきょく何なのかわからなくて、口をつけませんでした。命がおしかったんだなあ、あはは。アメリカに行ってはじめて、あれがコーラという飲みものだとわかりました」

アメリカ兵のおとしもので完司《かんじ》さんの大のお気に入りになったのは、コーヒーです。

「五百円玉をひとまわり大きくしたくらいの、化粧品《けしょうひん》入れみたいなちいさな缶のなかに粉が入っていました。お湯をわかして飲むのがめんどうで、すてていくんでしょうかね。携帯食《けいたいしょく》セットのなかに入っているものなんですが、コーヒーの缶だけ、手つかずでほうりなげてあるのも多かったです。わたしは粉のままなめました。

コーヒーというものがあることは、飲んだことはないけれど、知っていました。ココアとはちがうから、コーヒーだな、と思いました。ココアは船《ふな》のりだったおじがイタリアのナポリから送ってくれて、知っていましたから」

完司《かんじ》さんはジャングルで見つけたコーヒーがすっかり気に入って、「ジャングルコーヒー」と名づけて、毎日のようになめたそうです。

「今でもなつかしいんですよ、その味が。だから、今もコーヒーは、いいコーヒーを豆からいれてもらってもだめなんです、インスタントでなくちゃ。それも、ネスカフェ。これがジャングルコーヒーの味なんです」

携帯食《けいたいしょく》の缶《かん》には、半干しの野菜や、ビスケットの入ったものもありました。それまでタバコを吸《す》わなかった完司さんがタバコをおぼえたのもこのときです。アメリカ兵の携帯食《けいたいしょく》セットのなかに二、三本、入っていたのだそうです。

「吸《す》いほうだいですよ。タバコの火は、持ちあるいていた火種《ひだね》でつけました。アメリカ兵は、夜は見まわりにこないんです。

それで、夜に火があれば、と思ってね。

ヤシの実の繊維《せんい》をとって、なわをないました。なわをなうのは、子どものころからやっていましたから、どうということはありません。ヤシの繊維《せんい》は火もちがよくて、よかったですよ。火はレンズを使って、昼間のうちにつけておくんです。子どもがよく虫めがねで太陽の光をあつめて紙をこがしたりしますでしょう、あれと同じことです。レンズは、そのへんにいくらでもおちていますから。懐中電灯《かいちゅうでんとう》のレンズもあるし、め

がねもね……。

　火がついたら、炎《ほのお》は消して、なわをくるくるっとまいて、こしにぶらさげておくんです。炎《ほのお》をふきけしても、火は消えない。いちどスコールで消えたことがあるくらいです。蚊《か》とりせんこうの先が赤くなる、あんな感じです。この火種《ひだね》で料理もしたし、タバコも吸《す》った。火種《ひだね》にふーっと息《いき》をふきかけて、草や枯《か》れ木に火をつけるんです。夜は、横になって、種《たね》火《び》をながめました。周囲をてらすほどの光はありません。ぽちっと赤い火がともっているだけでね。でも、火というのは、なんともいいものです。火があるとないとでは、ことに闇夜《やみよ》をすごすときには、大きなちがいがありますよ」

第11章 屍《しかばね》のある仏教画

完司《かんじ》さんは、海岸を見ながら、島のへりをぐるりとまわるように進んでいきました。ひたすら、はいすすみながら、絶壁《ぜっぺき》にはさまれて海岸におりていけるところがあると、かならずおりてみました。ひざの切り口を海水であらうためです。そういうところで、ときどき畑を見つけました。

「島民がすんでいたんでしょうが、避難《ひなん》したあとなんでしょう、畑がほったらかしになってジャングルになりかかっているけど、食べられるくだものがありました」

もともとこの島には、チャモロ人《じん》とよばれる島民がすんでいました。けれどもグアムは、スペイン領《りょう》になったりアメリカ領《りょう》になったりしたあと、真珠湾攻撃《しんじゅわんこうげき》の数時間後には日本《にほん》が攻《せ》めてきて、日本領になっていました。完司さんが島民を見かけなかったのは、アメリカ軍の上陸がせまったときに、日本軍が多くのチャモロ人《じん》をむりやり収容所《しゅうようじょ》に入れていたからでした。

「パパイヤはよく食べました。あれはおもしろい実のつきかたをするんですよね。幹《みき》から直接、実がなって。あとモンキーバナナというちいさなバナナ。なればドリアンがおいしかった。でも、知らない実は用心して食べませんでした。ライチーもおいしかった。あとパンの実も食べました。熟《じゅく》したら生でも食べられるし、青いのをやいて食べるのもおいしかった。海岸にうちよせられている木や根っこをもやして、その上に実をのせて、上にバナナの葉っぱをかぶせてね」

けれど、こんなおいしい実が手に入る畑も、だれもいないと思ってがけの上からおりていくと、死体があった、といいます。日本兵の死体です。

「ああ、ほっとするようなところだな、と感じる場所には、かならず死体がありました。人のひきつけられる場所って、あるんでしょうね。いいなあ、と思って行くと、どこもかしこも掃討作戦《そうとうさくせん》のあとでした」

掃討作戦《そうとうさくせん》というのは、かくれている日本兵をひとりのこらず退治《たいじ》するということです。完司《かんじ》さんは銃撃《じゅうげき》の音を聞かなくなったといいましたが、それでもあちこちに撃《う》たれて死んだ日本兵の死体があったのです。

グアムのジャングルで生きのびた兵士の証言には、最後まで銃《じゅう》などの武器を手ばなさなかった話がよく出てきます。身をまもるためもありますが、アメリカ兵を見たら、撃《う》てるだけ撃《う》とうと思っていたようなのです。けれども完司さんは、野戦病院《やせんびょういん》でもらった手りゅう弾《だん》もすぐになくしてしまいました。ジャングルで、銃《じゅう》がほしいと思ったことはないのでしょうか。死体のそばには銃《じゅう》もおちていたでしょう。その気があれば、持っていけたはずでした。

「銃《じゅう》なんて、はっていくんだもの、持ってけないよ。それに……何のために戦うのかも、わかんないものね」

完司さんは、武器を使おうという気が、まったくありませんでした。

「あんまり軍隊ってとこは好きじゃなかったからね。祖国《そこく》はまもらにゃと思うけど……なんで戦争なんてするのか……まあね、となりの家どうしでもけんかするくらいだから、国もそうかなと思ったけど」

そんな完司さんの「身をまもる方法」は、一か所にとどまらないことでした。ゆっくりとでも、進みつづける。ところが完司さんは、そうやって進んでいって、アメリカ兵に、出くわしてしまったことがありました。

「がけの下を、わたしは左まわりにはっていました。で、まがりかどで、ばったり、銃《じゅう》をもったアメリカ兵とはちあわせしたんです。こっちもおどろいたけど、むこうもおどろいてね。一《いっ》瞬《しゅん》、目と目があったですよ。で、同時ににげだしたんだ。わた

しは草むらのなかに。むこうは『わああっ』とさけびながらまわれ右して。そうしたら、そのうしろをついてきたアメリカ兵が、みんなしてあわくって、来た道をひっかえしていきましたよ。銃《じゅう》を持ってたって、顔を見たら撃《う》てないもんなんですね。瞬間的《しゅんかんてき》にぱっと撃《う》てば撃《う》てるのでしょうが、顔を見ちゃったらね、撃《う》てないものなんじゃないですか。あのとき、そう思いましたね」

こうして何日もにげまわるうちに、完司《かんじ》さんは、だんだんとアメリカ兵の行動パターンがわかってきたそうです。

「アメリカ兵はまず、道か、ひらけたところにしか、やってきません。うっそうとしたジャングルのなかまでは、めったにふみこんでこないんです。グアムのジャングルは、シダだらけでね。木はガジュマルみたいに、根っこがからみあっているような木が多くて、こちらにしたら、かくれるのによかったです。ことに葉がしげっていたりすると、根っこのなかに入ってしまったら、もうわからない」

ジャングルにおいしげっていたシダは、おとなのうでの長さをこえるような大きな葉をのばしています。そのおかげで完司さんは、名前を聞きそびれた軍属《ぐんぞく》の人と火をたいてアメリカ兵に見つかったとき、シダのしげみに身をひそめ、命びろいしたのでした。

ガジュマルのような木というのは、グアムではヌヌとかバンヤンとよばれる木で、完司さんのいう通り、ガジュマルのなかまです。枝から地面にむかって根をたくさんのばすので、遠目《とおめ》には、太い幹《みき》のように見えますが、そのなかにもぐりこむことができます。沖縄《おきなわ》のガジュマルにキジムナーという精霊《せいれい》が住んでいるように、グアムのヌヌにはタオタオモナという精霊《せいれい》が住むといわれています。

「今でもわすれられない浜がありますよ。白い砂浜が月にてらされて、それはもう、きれいながめでね。切りたった岩がこう、いくつかあって、そこに草がはえている。思わず、ほーっとため息の出るような景色《けしき》です。

仏教画《ぶっきょうが》のようだと思いましたよ。中国《ちゅうごく》の山水画《さんすいが》とか仏教画《ぶっきょうが》にえがかれている風景は、ほんとうだったんだなあ、と思ってね。そばまで行くと、岩かげに屍《しかばね》（死体）がいっぱい。

もう、ばたばたと、よくもあんなにたくさんの屍《しかばね》が。

これはみんな、死に場所をもとめてここに来たのだろうか、ここならと思って身をおちつけて、息たえていったのだろうか。そう思いましたが、弁当箱をこう、もったまま、すわったかっこうの屍《しかばね》を見てね。これから弁当を食べようとふたをとった瞬間《しゅんかん》にやられたんだと思いました。死の直前まで、死ぬなんて思いもしなかったようなかっこうでね。ここにいたらやられる、と思って、立ちさりました」

完司《かんじ》さんにはもうひとつ、わすれられない海岸があるといいます。

「楽しい思い出でね。月の明るい晩でした。そのころにはもう、夜になったらアメリカ兵は来ないとわかっていましたから、夜になるのを待って浜にでて、どっかと砂の上にすわったんです。至福《しふく》のときですよ。原始人になった気分でね。潮《しお》がひいて、砂浜なんですが、川というほどでもない、数センチほどの幅の水が海にながれこんでいました。そこを、ちょろっ、ちょろっと何かがさかのぼってくるんですよ。よく見ると、魚なんです。わたしはその流れのそばにすわりこんでね、ばしゃばしゃとあがってくる魚をすわったまま素《す》手《で》でつかまえました。火種《ひだね》がありましたからね、やいて食べました。あんなゆかいなことはなかったなあ」

完司さんが「グアムは川の多いところ」といったのは、島の南半分のことです。台地のようになった北半分には、川らしい川はありません。ここの台地は水をよくすいこむ地質で、水は川にならずに地中にもぐってしまうのです。それでも干潮《かんちょう》になると、砂浜のとちゅうから海にむかって、わき水がながれます。今でもグアムのあちこちの浜辺で、こうした流れにさからって魚がのぼってきて、それ以上のぼれずに、砂浜にたまることがあるそうです。

完司さんは魚のあがってくる浜がよほど楽しかったらしく、このときばかりは、進みつづけるのをやめて、しばらくとどまることにしました。翌日《よくじつ》の昼ごろでしょうか、土屋《つちや》さんという人が四人くらいの日本兵《にほんへい》をつれて通りかかりました。

「初対面でしたが、土屋《つちや》さんはよかったらいっしょに行かないかとさそってくれました。でも、わたしはひとりでいようと決めたあとでしたから、ことわったんです。わたしはここにいます、ここが気持ちいいから、とね。いっしょに行けば、めいわくをかけてしまうし、悪く考えれば、めいわくをかけるだけでなくて、食料がなくなれば食べられるかもしれないし。ひとりがいいんです。さびしいとも思わなかった」

土屋《つちや》さんの名前をおぼえているのは、戦後、再会することになったからです。

「このときは、めずらしく三晩《ばん》もここにいました。ところが三晩《ばん》いたら、もう、おしりがむずむずしてね。ずっといたくなるようないい場所だと思うのに、一か所にいると、おちつかなくなるんですね。で、けっきょく移動しました。三日もひとところにいたというのは、ここと、あともう一か所、ほったらかしの畑で、パンの実を焼いて食べたところです。このふたつと、仏教画《ぶっきょうが》のような浜。この三か所は今でも住みたくなるようなところですよ。けれども当時は、そのどこにも屍《しかばね》がありました」

そんなくらしのなかでも、完司《かんじ》さんは、もう日本《にほん》にもどれないかもしれない、とは考えなかったといいます。

「どこに行っても死者ばかり。ときには屍《しかばね》にかこまれてねむるようなこともあったのに、生きて帰れないんじゃないかとは思わなかった。ああ、おれも死ぬんかなあ……とは考えなかった。なんででしょうかねえ。もっとも、あの弁当のふたをもったまま死んだ日本兵も、自分が死ぬとは思いもしなかったかもしれないけどね。

ジャングル生活を思いかえすと、楽しかったことばかりのような気がしてしまう。どういうんでしょうね。わたしはそういう苦しいときでも、楽しいと感じてしまうんです。あの月夜の浜辺で、潮《しお》がひいて魚があがってくるのも、楽しいなと。もう、心から楽しいんです」

食べものを手にいれるために、アメリカ兵と知恵《ちえ》くらべをしたこともありました。以前はジャングルのあちこちにころがっていたアメリカ兵の携帯食《けいたいしょく》セットも、だんだんなくなって、ジャングルにかくれていた日本兵は、飢《う》えとたたかうようになっていました。それを知っているアメリカ軍は、ジャングルにかくれた日本兵をおびきだすために、道に食料をおくことがあったのです。

「わたしはじっとすわっているのが平気ですから、食料がおいてあったら、ようすの見えるところにかくれて観察するんです。アメリカ兵はどこで見はっているのか、いつ見まわりにくるのか、見まわりの頻度《ひんど》はどれくらいか。いよいよアメリカ兵がいなくなったと思ったら、はっていって、箱をひきずってくる。ひと箱に二十缶《かん》は入っていました。缶詰《かんづめ》のなかみは、豆と肉を煮《に》たものとか、いろいろでした。同じところからふた箱つづけて手に入れたこともありますよ」

ジャングル生活もすでに一年ちかくになろうとしていました。アメリカ兵に見つからなくても、栄養失調《えいようしっちょう》で死んでいく兵士もいただろうと思われます。

「飢《う》えてね、ネコを食べようとしたことがありますよ。あれだけはごめんです。二度と食べたくない……というか、食べられなかったんです。今思いだしてもぞっとします。だれかが飼《か》っていたのが野生化したネコだったのかな。少しずつならして、ちかづいてきたところをつかまえたんです。こっちは飢《う》えていますからね、殺してすぐに皮をはいで口をつけた。そうしたら肉が生あたたかくてね、思わずはきだしたですよ。だめですね、体温ののこっている肉は、食べられませんよ。のどから手が出るほど食べものがほしいのに、もう、食べる気にはなれませんでした」

とうとう、完司《かんじ》さんはうごけなくなりました。

「あれは海の見えるがけの上でした。断崖絶壁《だんがいぜっぺき》というほどではありませんが。ヤシの根もとにすわりこんで、じっとしていました。意識ももうろうとしてきて、気がつくと、島民がひとり、わたしの顔をのぞきこんでいました。わたしがまだ生きてるとわかったら、タバコをひと箱、おいていきました。あと数日してたら、死んでいただろうと思います。もらったタバコを吸《す》っていたら、がやがやと人の話し声がして、アメリカ兵がやってきたんです。はじめは銃《じゅう》をかまえて、ぐるりとわたしをとりかこみましたが、軍医らしい人が、下げろ、というような動作をしてね、わたしに注射《ちゅうしゃ》をしました。そのまま気をうしなって、気がつくとベッドの上に寝かされて、点滴《てんてき》をうけていました。野戦病院《やせんびょういん》というほどでもない、野《の》っ原《ぱら》のテントのなかです」

一九四五年の八月なかば、第二次世界大戦《だいにじせかいたいせん》が終わる前後のことでした。前か後かは、はっきりしないそうです。

「意識《いしき》がもうろうとしていた時期で、つかまったときに終戦といわれた気もするし、ベッドで気がついて一日たってから看護婦《かんごふ》にいわれた気もするし」

終戦とは聞いたけれども、勝ったか負けたかは、聞いた記憶《きおく》がないといいます。

「日本《にほん》が負けた、とは思いませんでした。勝ったとも、思わなかった。勝ち負けより、ただもう、ああ、終わったんだなあ、と。それだけでした」

戦争が終わった二日後、八月十七日に、完司《かんじ》さんは二十三歳《さい》になりました。

この戦争中、グアムの土をふんだ日本兵は二万八百十人。戦死者が一万九千百三十五人。生還者《せいかんしゃ》は千三百五人。百人のうち、わずか六人しか生きのこることができませんでした。グアムに派兵されたアメリカ兵は三十万人、うちグアム島の地に足をふみいれた兵士が五万五千人。全体で戦死したアメリカ兵はおよそ千八百人。チャモロ人もこの戦争でおよそ二千人が亡《な》くなったとされます。

人のおこした戦争で、自然も大きく傷つきました。山がくだけ、木々がやかれ、激戦区《げきせんく》だったアサン（浅間《あさま》）湾《わん》の海底も、形がかわるほど、砲弾《ほうだん》がうちこまれました。砲撃《ほうげき》でサンゴ礁《しょう》がくずれたまま、いまだに回復《かいふく》していないそうです。

第12章

日本は勝ったのかもしれない……

完司《かんじ》さんは点滴《てんてき》をうけながら、飛行機でハワイにつれていかれました。ハワイはアメリカの州のひとつで、日本《にほん》が奇襲《きしゅう》をした真珠湾《しんじゅわん》のある島です。

「ハワイの病院に入って、びっくりしました。設備《せつび》がきちんとそろっていて、とにかくゆたかなんです」

この病院には、グアム以外からの負傷者《ふしょうしゃ》もいました。ハワイかオーストラリアの収容所《しゅうようじょ》で暴動があって、負傷《ふしょう》した日本人捕虜《ほりょ》もきていたそうです。ここで完司さんは土屋《つちや》さんと再会しました。魚の上がってくる浜で声をかけてくれた土屋《つちや》さんです。そこには、日本語をりゅうちょうに話すアメリカ人もいました。

「ケイリー中尉《ちゅうい》です。北海道《ほっかいどう》で生まれ育って、札幌中学《さっぽろちゅうがく》を出ていたんです。わたしのことをマンシュー、マンシューとよんでね。きっとあそこにいた捕虜《ほりょ》のうち、満州《まんしゅう》にいたことがあるのはわたしだけだったんでしょう。ケイリーさんは日本が好きで、とてもよくしてくれました」

ハワイに数日いたあと、完司さんをふくむ重傷の日本人六人だけが船にのせられ、アメリカ本土にむかいます。そのなかでグアムにいたのは完司さんともうひとり、山脇《やまわき》さんという軍属《ぐんぞく》の人だけでした。もっとも山脇《やまわき》さんがグアムにいたことは、数年あとに、日本で再会した土屋《つちや》さんから聞いて、はじめてわかったのでした。

「ハワイからアメリカ本土まで、六人で話をする機会《きかい》はいくらでもありました。でも、身の上話はしませんでした。捕虜《ほりょ》になるだけで罪悪感《ざいあくかん》がある。偽名《ぎめい》（うその名前）を使った人も多いらしいです。年齢《ねんれい》だって、ほんとうかどうかわかりません。捕虜《ほりょ》になったら死刑《しけい》だと思っていましたから。まあ、死刑《しけい》ときまっていたわけではないかもしれませんが、まちがいなく国賊《こくぞく》あつかいですよ」

国賊《こくぞく》とは、国の裏切りものということです。日本では、捕虜《ほりょ》になって生きのびるのは恥《はじ》、死んでこそあっぱれという考えがありました。

「捕虜《ほりょ》になったというだけで、みんな、いやあな気分だったと思いますよ。生きのびてうれしいとは、そりゃあ、うれしくないわけはないけれど、心おきなくよろこべる気分ではなかった」

では、完司《かんじ》さん自身はどうだったのでしょう。

「わたしは、罪悪感《ざいあくかん》というのとちがって、もっと、なんというか、どうにでもなれというか、自分の命なんだけど、どこかほうりだしているところがありました。戦えるだけ戦って、あとはもう、戦えなくなっちゃったんだから、しかたがないじゃないか、どこまで行けるか、生きのびてみるだけだ、と思っていました。軍法会議《ぐんぽうかいぎ》にかけられたら、かけられたときだ、と。おまえらどうした、といわれたら、足一本になってでも生きて帰れたから生きて帰れた、それだけですというほかない。まあ、やけのやんぱちです」

軍法会議《ぐんぽうかいぎ》は、軍人のおかした罪をさばくための裁判のようなもので、階級の高い軍人が裁判官をつとめます。軍の方針にしたがわなかったとみなされれば、有罪になる可能性がありました。完司さんは、そんな覚悟《かくご》でいたのに、アメリカに行ってみると、どうもようすが変でした。

「なんだか、みんながよくしてくれる。病院の待遇《たいぐう》はいいし、病院の窓《まど》から外を見ていると、町の人が、にこにこと手をふっていくんです。アメリカというところは、敵対心《てきたいしん》のないところだなあ、とおどろきましたよ。戦争が終わったら、もう敵《てき》も味方もない、そういうところがしっかりしているんだな、と思いました。と同時に、あんまり待遇《たいぐう》がいいので、もしかしたら、日本《にほん》が勝ったのかもしれないと、ね」

アメリカ本土では、まずサンフランシスコに到着しました。そこから同じ重傷の日本人六人は、飛行機でタコマという都市の病院にうつされます。六人とも、冷蔵庫《れいぞうこ》つきの個室をあてがわれ、その冷蔵庫《れいぞうこ》につめこまれているものは、好きに食べてよかったそうです。

食事も、ほしいものはないかと聞いてくれて、ごはんを炊《た》いてもらったといいます。

「おまけに車いすにのっけて、見物につれていってくれる。グランドキャニオンだのなんだの、見たい、というと、観光につれていってくれるんです。六人で、勝ったんだろうか、負けたんだろうか、といいあったのをおぼえていますよ」

観光には、病院車とよんでいた、なかにベッドのあるキャンピングカーみたいな車三台に、警護《けいご》の車をくわえた四台で出かけました。医者や看護婦《かんごふ》、警備《けいび》の人と二十人ちかくでの大移動です。

「看護婦《かんごふ》は黒人や南米系、東南アジア系の人が多かったです。みんな親切で、感じのいい人ばかりでしたよ。医者は白人しかいなかったですが」

ケイリー中尉《ちゅうい》とはサンフランシスコでわかれることになりましたが、そのあとも、日本《にほん》語《ご》のできる人がかならずついてくれました。タコマでは、ドイツ系の医者が日本語を話しました。この人が完司《かんじ》さんたち六人を「サムライ」とよんだそうです。

「それが、おかしいんですが、同じ病院に入っていたドイツ人やイタリア人の捕虜《ほりょ》は、そんなに待遇《たいぐう》がよくなかったんですよ。なぜ日本人ばかりあんなによくしてくれたのか、それが今でもふしぎでならないんだ。個室じゃさみしいからいっしょにしてくれといったら、大部屋《おおべや》にわたしたち六人だけにしてくれた。

わたりろうかのむこうから、ときどきドイツ人やイタリア人がのぞきにくるんですが、なんでおまえたちの食事はそんなに豪華《ごうか》なんだと、言葉はわかりませんが、そういっているのはわかるんですよ。むこうも首をひねっているけれど、こっちもわからないですもんね。どうしてなんでしょうねえ。いいかげん、日本が勝ったわけではないこともわかったから、よけいふしぎでね」

アメリカが捕虜《ほりょ》を大切にして、こんなに待遇《たいぐう》をよくしています、という宣伝《せんでん》をしたという記録が見つかりました。そういうときは、カメラマンや記者が同行したといいます。そのことをたずねてみましたが、完司《かんじ》さんたちはアメリカで取材をうけたことも、写真をとられたこともありませんでした。ドイツとイタリアと日本《にほん》は三国同盟《さんごくどうめい》をむすんでいて、ともにアメリカと戦いました。それなのに、なぜ日本人の待遇《たいぐう》だけがよかったのでしょう。

「そういえば、わたしたち六人は全員、片足がありませんでした。わたしはひざから下ですが、足のつけ根からなくした人もいてね。でもドイツ人とイタリア人は、どこが悪かったのか、見た目にはわかりませんでした。もしかすると、片足をなくすような重傷をおった兵士が、特別あつかいされたということなのかな」

いまとなっては、たしかなことはわかりません。ただ、完司さんたちがとまどうくらいに、待遇《たいぐう》がよかったことはたしかでした。

「アメリカにいるあいだ、わたしたち六人はよく、きみらは英雄《えいゆう》だといわれました。負傷《ふしょう》しながら戦った英雄《えいゆう》だと、そういわれましたよ。日本なら、死なずに生きて帰ったというのは恥《はじ》でしたが、アメリカはちがうんですね」

完司さんは、一九四七年一月に日本に帰るまで、一年半ちかく、アメリカに滞在したことになります。そのあいだ、サンフランシスコのある西海岸からシカゴまで、アメリカ大陸をほぼ横断し、さまざまなところを見せてもらうことになりました。

タコマには数週間くらいいて、こんどは汽車でサンフランシスコにもどりました。このとき、車でゴールデンゲートブリッジをわたったそうです。全長が二・七キロをこえる、

その当時は世界一の長さのつり橋でした。橋の入り口では、運転手が通行料をはらいました。完司《かんじ》さんは、通るのにお金がいる道があるのかと、おどろいたそうです。そのあたりからは、みんな、捕虜《ほりょ》になった気まずさより、観光気分がまさるようになってきたのでした。

サンフランシスコから東にむかう一行が、最初にたずねた観光地はグレートソルトレイクでした。

「汽車で行けども行けども、地面が塩をふいて白いんです。一時間くらい、まっ白な大地を走りました。茶色いのは線路と飛行場だけでした。湖だって、塩が強くて体がういちゃうというんですからね」

このとき、完司さんははじめてコーラを飲みました。グレートソルトレイクのドライブインで、看護婦《かんごふ》さんがおごってくれたのです。ジャングルでは飲まないでおいた黒い液体《えきたい》がでてきたのを見て、完司さんは、なるほど、あれはコーラだったのか、と気がつきまし

た。もっとも味のほうは、

「うーん、ぴんとこなかったなあ」

だそうです。

完司さんがアメリカの広さを実感したのは、コロラド州をたずねたときです。汽車でロッキー山脈をこえたのです。

「アプト式というんですが、線路のまんなかに歯車がついていて、車両の方とかみあわせて、ガッガッガッガッと汽車がのぼっていくんです。で、坂をざあーっと、コロラドの平原を左右に見ながら下りてくるんですが、その雄大《ゆうだい》なことといったら。山のなかに、ぽかあっ、ぽかあっと大きな花がさいていてね。遠くだからよくわからないけれど、ボタンの花くらいあるかな。ピンクで、きれいでしたね。そうしてあちこちに野生の動物がいて、よくは見えませんけれど、ちろちろうごくんです。

人はほとんど見ませんでした。ときどき家があるんですが、こんな何もないところで、どうやって生活してるのかなあ、とふしぎでしたね。渓谷《けいこく》をがーっと走って、山をくだって、コロラド川は、ああ、グランドキャニオンにつながっているんだなあ、で、サンフランシスコにはつながっていないんだなあ、なんて頭のなかに地図を思いえがいて楽しみましたよ」

地球のあちこちを自分の目で見てみたい。それが、完司《かんじ》さんの子どものころの夢《ゆめ》でした。思いがけず来ることのできたアメリカという国に、完司さんは、好奇心《こうきしん》いっぱいの目をむけつづけました。

「実際《じっさい》に行ってみてわかることって、いろいろありますね。日本《にほん》で聞いていたこととちがうんです。アメリカは進んだ国だと聞かされてきて、そんな進んだ国を相手に戦うことになってしまったんだなあ、と思っていました。学校でも、アメリカでもなんでも、世界ではすでにメートル法を使っている、なのに日本はまだ尺貫法《しゃっかんほう》を使っていて、おくれている、

と教わりました」
尺貫法《しゃっかんほう》というのは、日本古来《にほんこらい》の測定基準《そくていきじゅん》で、たとえば長さなら二尺《しゃく》八寸《すん》などと、メートルやセンチでない単位を使うことです。

「でもアメリカに来てみたら、そんなのうそっぱちだものね。アメリカだって、ヤードだのガロンだの、使っているんですから。それに文字の読めない人も多かったしね。新聞を読むふりしてるんだけど、その新聞がさかさまだったりしましたよ。アメリカは広いですからね。列車にのったって、つぎの駅まで、えんえん二、三時間も走る。そのあいだ、何もない砂漠だったり荒野ですよね。ときどきちいさな集落《しゅうらく》、といっても、数軒《すうけん》の家がぱらぱらっとたっていたりして、これじゃあ、どこで勉強するんだ、これだもの文字を知らない人が多いわけだなあと思いましたね」

完司《かんじ》さんたちのアメリカ大陸横断旅行はつづきます。グレートソルトレイクからロッキー山脈をこえたあとは、デンバーをとおって、シカゴへとむかいました。そのあとは、シカゴの北にあるスパルタという町の病院に入ることになっていました。

デンバーのちかくでは、山川商店《やまかわしょうてん》と漢字でかかれた大きな看板がぽつんとたっていたといいます。それを完司さんは、なんども、ふしぎでしょうがない、とくりかえしました。日本人か日系の人の商店だろうと思うのに、戦時中にもたおされたりしなかったのだろうか、それほど地域《ちいき》に受けいれられていた人だったのだろうか、と首をかしげました。

汽車は、シカゴを通りぬけました。右を見れば、いかにもにぎやかそうな町がひろがり、左を見れば牛だらけ。シカゴは、牛や豚を食肉に加工する産業がさかんで、肉牛があつめられていたのでしょう。その頭数の多さにはびっくりしたそうです。ところが、それほどゆたかな国と思ったのに、スパルタの病院で、アメリカの食糧事情《しょくりょうじじょう》がきびしくなったと聞かされました。

「戦争すれば、勝っても負けても食料不足になるんです。働き手が、みんな兵隊にとられちゃうんですからね」

スパルタの病院に入ってからも、完司さんたち六人はあちこちにつれていってもらいました。ナイアガラの滝を見て、首都ワシントンD.C.のちかくにも行きました。スパルタは大きな都市ではありません。完司《かんじ》さんは、のんびりした、いいところだったといいます。看護婦《かんごふ》さんに食事をごちそうしてもらったことがありました。みんなでレストランで食事をしていると、まわりの人が、完司さんたちのところによってきました。人懐《ひとなつ》こそうに、にこにこして、握手《あくしゅ》したり、「カンパイ」といって何かおいていったりします。ここでも完司さんたちは、戦争をした相手なのに、あたたかくむかえてもらったのでした。

完司さんがアメリカでいちばん感心したのは、「自由と責任の国」ということでした。

「アメリカは自由と責任の国でした。何人ものアメリカ人がそういったけれど、見ていて、そのとおりだと思った。具体的にはうまくいえないけど、そのとおりの国だと実感しました。すなおに感心しましたよ。こりゃあ、見習わなきゃいけないと。当時は、ほんとうに、自由と責任の国だった。

日本は……日本には、そもそも自由がなかった。だから、責任もなかった。責任は、自由があってはじめて出てくるものだから」

アメリカでは思いがけなく楽しい思いをしましたが、完司さんによれば、アメリカですごした日々も「この世にない時代」でした。

一九四七年一月、アメリカでの一年半がすぎ、帰国のときがやってきました。完司さんは二十四歳《さい》になっていました。

第13章

「この世にない時代」の終わり

帰国は六人ばらばらです。完司《かんじ》さんはサンフランシスコから船にのりました。乗客のほとんどがアメリカ兵でした。乗船して十一日後に、船は神奈川県《かながわけん》の横須賀港《よこすかこう》につきました。

「横須賀港《よこすかこう》からバスで、まっすぐ病院に行きました。横須賀病院《よこすかびょういん》です。病院に入ると、あなたの荷物です、と一か月分くらいの食糧と、新しい毛布や服がとどきました」

どこに行くにしても、しばらくの生活にこまらないようにと、米軍から支給されたのだそうです。緑色のキャンバス地の大きな袋に、乾パンや缶詰《かんづめ》などの食料がいっぱいにつめこまれていて、それとはべつに、毛布と服までわたされました。服は、シャツにズボン、上着の一式そろったのがふた組です。

完司さんはいわれるがままに、病院をうつりました。横須賀病院《よこすかびょういん》から、埼玉県《さいたまけん》の所沢《ところざわ》、ついで東京《とうきょう》、と病院をかわっていき、さいごに神奈川県《かながわけん》の相模原《さがみはら》の病院におちつきました。

「横須賀病院《よこすかびょういん》から実家にはがきを出しました。そのときは、まだ自分が死んだことになっているなんて知りませんから、『みんな元気ですか』なんて、のんきなことを書いてね。実家ではいたずらかと思って返事を出さなかった。こっちは何がなんだかわからないから、またはがきを出す。三通目がとどいたところで、実家の方でもいたずらじゃないのかもと思って、千葉《ちば》にいるおばに、本物かどうか、見にいってほしいと連絡を入れたらしいんです。でもわずかの差で、わたしは病院をうつっていてね。それでも事情《じじょう》がわかって、わたしはとにかく実家に顔を出すことにしたんです」

まだ冬のいちばん寒い時期です。新潟県安塚村《にいがたけんやすづかむら》は雪のなかでした。

完司さんの歩いたあとには、雪の上に、右足のあとと、小さく丸い穴が交互《こうご》につきました。当時はまだちゃんとした義足《ぎそく》がないので、完司さんはブリキをたたいたり木の棒《ぼう》を使ったりして、自分で工夫して足の先につけていたのです。

たまたまその日、となりの村に出かけていたお母さんが、帰り道、このふしぎな足あとを見つけました。いったいこの足あとは、どこに行くんだろうと思っていると、ずうっと自分の家までつづいていく。そして、お母さんは、完司さんが帰ってきたことを知ったのでした。
実家の仏壇《ぶつだん》には、完司《かんじ》さんの戒名《かいみょう》と骨箱《こつばこ》がありました。もちろん、骨箱《こつばこ》はからっぽです。渡辺家《わたなべけ》は、長男であるお兄さんがあとをついでいました。次男の完司さんは、手に職をつけて、自分でやっていくしかありません。

「自分の骨箱《こつばこ》に卵をつめこめるだけつめこんで、それをぶらさげて相模原《さがみはら》の病院にもどりました。これからは、いよいよ自分で生きていかなくちゃならない、自分のことは自分でやらなきゃ、助けてくれる人はいないんだと……直心院釋義完《ちょくしんいんしゃくぎかん》という名をもらってね、人生観がかわったですね。きびしくなりました」

こうして、完司さんの「この世にない時代」が、終わったのでした。
一九四四年の三月に完司さんが釜山《プサン》をはなれたときから、まる三年がたっていました。釜山《プサン》をはなれるときに二十一歳《さい》だった完司さんは、二十四歳《さい》になっていました。この月日のすべてが、完司さんの「この世にない時代」です。そのあいだ、完司さんの人生は、完司さんのものではなくなりました。自分の人生のことなのに、何ひとつ、自分できめることができませんでした。それも、完司さんがかかわりたくなかった戦争のせいで、です。完司さんはひたすら戦争にふりまわされ、生死の境《さかい》をさまよう状況《じょうきょう》にまでほうりこまれながら、なぜ戦争しなくてはならないのか、わからないままだったのでした。

完司さんは、めったに泣きごとをいわない人です。戦争中のお話をうかがっているあいだも、「苦しかった」とか「こわかった」ということばを聞いたことがありません。わたしが「つらかったでしょうね」とお聞きするたびに、心底《しんそこ》、こまった表情をして、

「今から思うとねえ、楽しいことばかりだった気がするんですよ」

とこたえるのです。

けれども、そんな完司さんが、めずらしく「くやしい」と感情的《かんじょうてき》なことばを口にしたことがありました。ご自分の持っている山があって、そこに自分で道をつくる計画を立てていたのに、そのままになっていると、話しているときでした。

「今、この足では、あそこまではのぼれないからなあ。もっと若《わか》かったらと思いますよ……あの若《わか》さがあればねえ」

といってから、「くやしい」とおっしゃったのです。そして、こうつづけたのでした。

「戦争は、あの若《わか》い、いちばんいい時期をうばってしまったですよ。今ほしいものがあるとしたら、若《わか》さです。あの体力と機敏《きびん》さがあったら、あれもこれもしたのに、と思いますよ。残念です。若《わか》いときは目の光がちがう。もう、あの光がなくなってしまった」

もう二度と、若《わか》い人たちに、このくやしい思いはしてもらいたくない。完司《かんじ》さんは、そう思って、これまで人にしたことのない戦争のお話を、わたしにしてくださる気になったのでしょうか。わたしを通して、若《わか》い人たちにその思いを伝えたい。そう思っていたのかもしれません。それを完司さんにたしかめることは、いまとなってはもう、できなくなりました。

二〇〇九年一月十四日、完司さんは八十六歳《さい》で亡《な》くなりました。

戒名《かいみょう》は直心院釋義完《ちょくしんいんしゃくぎかん》。完司さんは、「この世にない時代」につけられた戒名《かいみょう》を、使ったのでした。

あとがき

テープレコーダーに録音《ろくおん》しながら完司《かんじ》さんにお話をうかがったのは、二〇〇一年の秋が最後です。お話をうかがいだしてから、まる一年になっていました。そのとき、わたしが県外にひっこすことにならなかったら、もっと、通いつづけていたかもしれません。

満州《まんしゅう》はもちろんのこと、中国《ちゅうごく》にも、グアムにも、アメリカ本土にも行ったことのなかったわたしにとって、完司さんのお話は、見知らぬ土地のおとぎ話か冒険《ぼうけん》物語《ものがたり》のようにも聞こえ、お話をうかがうことが、楽しみでした。ですが、どんな冒険物語《ぼうけんものがたり》も、それが実際《じっさい》にあったことで、これからも、だれの身にもおこりうるのだとしたら、おとぎ話といってはいられません。そして完司さんのお話は、実際にくりかえされる可能性のあるお話なのです。

わたしは完司さんのお話を本に書こうとして、さまざまな戦争に関する資料を読みながら、なんどもくじけそうになりました。戦争の話は、ひとことでいって、人が死ぬ話です。いえ、もっとひどい。人を殺す話です。どんな理由があろうと、そのことにかわりはありません。

そして、わたしが、これはたまらないと思うのは、戦争をはじめる決定をした人と戦争で死んでいく人たちが、別だ、ということです。完司さんも、戦争などしなければいいのにと思いながら、だれかがはじめた戦争のせいで、戦地に送りこまれました。いやです、とことわることはできませんでした。

しかも、そうやって戦地に送りこまれた人たちは、死ぬのも地獄《じごく》、死なずに生きのびるのも地獄《じごく》でした。自分ではじめたわけでもない戦争で、同じように死に直面したなかまが死んで、自分だけが生きのびる。そのことが、戦後も心の重荷《おもに》になりつづけたという証言が、たくさんあります。

国をまもるために、愛するだれかをまもるために、命をかけて戦うすがたは、うつくしい。それは、そのとおりかもしれません。けれども、戦争のほんとうのすがたがどういうものであるかも、知っておかなくてはいけない、と思います。

完司さんをはじめ、戦地から生きのびて帰ってきた多くの人たちが、口をそろえて、戦争はしないほうがいい、といいます。そのことの意味を考えてみてください。わたしも、考えつづけようと思います。

その後の完司《かんじ》さんのことを、かいつまんで、お話ししましょう。

完司さんは卵をつめこんだ骨箱《こつばこ》をぶらさげて、ひとまず相模原《さがみはら》の病院にもどります。

「いよいよ自分で生きていかなくちゃ」と覚悟《かくご》をきめた完司さんでしたが、病院のなかを見まわすと、だれもが、似《に》たりよったりの身の上でした。戦争で負傷《ふしょう》してもどってきて、今は入院生活だけれど、退院したら、みんなその瞬間《しゅんかん》から、自分の力で仕事をして生きていかなくてはなりません。

それには手に職をつけることが大切だ、と完司さんは考えました。完司さんは数人のなかまと相談して、病院のなかに職業訓練所《しょくぎょうくんれんじょ》をつくることにします。

そのためのお金をどうするか、だれを先生にして何を教えてもらうか、完司さんは今でいう起業家《きぎょうか》のような活躍をします。このとき、完司さん自身も服をつくる技術をまなびました。それも、型紙のとりかたから仕立てまで、すべてです。完司さんは、洋裁《ようさい》なんて好きじゃないけど、しかたなく、とわらいましたが、これも、紹介《しょうかい》する人があったからです。

完司さんが何かをはじめるときには、いつもたまたま出会った人から、こんなことをしてはどうか、と声をかけられるのです。でも、何もかもが順調なわけではありません。事業をおこし、それが軌道《きどう》にのってくると、手広くやらせてほしいといいだす人がでてきます。そういうとき、いつも完司さんは「はりあうのはいやだから」と、人にゆずってきました。その後のあてもなく、です。そんな完司さんだからでしょうか、どこからか、ふたたび手をさしのべる人があらわれて、商売を紹介《しょうかい》してくれたりします。

ミシンをあつかう商売もそうでした。そのころのミシンは、足ぶみでうごかすようになっていて、大きくて重たいものでした。自転車にのせられるのは一台だけです。ミシン一台と専用のいすもいっしょにくくりつけ、不自由な足で、片道三十キロや四十キロという道のりでも売りに行きました。ミシンを売ると同時に洋服のつくりかたを教えるので、商売は大あたりです。けれどもそのお店も、けっきょく人手にわたしてしまいました。

そのあと一年くらい、裁断師《さいだんし》の職を転々としたといいます。裁断師《さいだんし》というのは、型紙にあわせて布地をきる仕事です。そして、ある会社に裁断師《さいだんし》として入り、君《きみ》さんに出会ったのです。やがて完司《かんじ》さんは独立して、自分の会社を立ちあげることになりました。そのときに、君さんに「いっしょに来ないか」とプロポーズをしたのです。

やがて完司さんの型紙づくりと、君《きみ》さんの縫製《ほうせい》が評判になり、世界的に活躍《かつやく》するファッションデザイナーに指名されるまでになります。ファッションショーや舞台衣装《ぶたいいしょう》の仕事を手がけつつ、デパートとの専属契約《せんぞくけいやく》も入ったりで、大いそがしだった日々のお話をうかがうときは、君さんもくわわって、はなやかになりました。

けれども、そんな休むひまのない生活で、完司さんは体をこわしてしまいます。医者は胃《い》がんをうたがいましたが、幸い、がんではなくて、ひどい胃《い》かいようでした。わたしが完司さんに、痛《いた》みはなかったのですか、とお聞きすると、

「すこしは」

とこたえます。それに君さんが、

「そんな、すこしどころじゃなかったと思いますよ。もうね、こうして体をふたつおりにして、じいっとしていたりするんです。ああ、痛《いた》むんだなあ、と思って。でも、いくら病院に行くようにいっても、ちっともいうことを聞かない人だから」

といいました。君さんは、

「足のことも、つらいのではないかなあ、と思うのに、いっさい、いいませんね」

とつづけます。わたしが、戦地のことでも、つらかったとおっしゃいませんね、というと、君さんは、

「ほんとにねえ。せっかくお話を聞いてくださってるんだから、かっこつけて、いいことばかりじゃなくて、つらかったこととか、お話ししたらいいのに」

と完司さんをふりかえります。完司さんは、

「そういわれても……」

と、ほんとうにこまってしまったようでした。君《きみ》さんは、わたしにむきなおると、

「昔はよく、うなされたんですよ。それが、ひどいうなされかたでね、ああ、かわいそうに、戦争のときの夢《ゆめ》を見てるんだなあ、と思いましたよ」

といわれました。それに完司《かんじ》さんは、

「そうかね……」

と、反論《はんろん》するでもなく、つぶやきました。

「そうですよ、ちかごろはないですけど」

「そうか」

完司さんは、いつもの庭がわの窓《まど》を背《せ》にしたソファーにすわり、八の字まゆのまゆじりをますます下げて、遠くを見るように目をほそめました。

完司さんの風来坊《ふうらいぼう》ぶりが復活《ふっかつ》するきっかけは、自動車でした。完司さんは、いつのころからか、片足で運転できる車があったらなあ、と思うようになりま

した。オートマチック車が発売になると、まよわず買って、まだオートマチック車のなかった教習所に自分の車を持ちこんで、免許《めんきょ》をとったのです。

風来坊《ふうらいぼう》の完司さんに、あたらしい足ができました。わたしがお話をうかがうときも、完司さんはご自分の運転で、そのつど、わたしを送りむかえしてくださいました。八十歳になってからも、ふらりと出かけたついでに、埼玉《さいたま》から新潟《にいがた》まで足をのばしてきた、と、いきのいい卵だの地方の農産物《のうさんぶつ》だのをおみやげに買ってきます。びっくりするわたしのかたわらで、君《きみ》さんは、「あら、そうですか」とおどろくようすがありません。それもそのはず、なにしろ君さんには、完司さんがなかなか帰ってこない、と心配していたら、

「山を買ってきた」

といわれたことまであったのでした。

完司さんはその山に、ちいさいけれどしっかりとした山小屋をたて、敷地内《しきちない》をながれる川の水をひきました。自然を楽しむために買ったので、植林をしないか、と電話がかかってきたときは、すぐにことわったといいます。

「わたしはね、自分の吸《す》う空気くらい、自分でつくらなきゃと思って、庭に木を植えているんです。山のほうは、植林をしましょうって、けっきょくは、今ある木を切りたおす話です。植えるんじゃないですよ、植林とはいうけれど。わたしはただもう、自然のままにして、そこでのんびりできたら、幸せなんだ」

残念なことに、いつか行きましょう、といっていただいたその山に、わたしはうかがうことができませんでした。でも、近辺《きんぺん》の山は歩いたことがあったので、空想はなんどもしてみました。ワサビを育てることができるくらい、きれいな水のながれるところです。

完司《かんじ》さんは、ご自分が住む家にも、わき水があれば、と考えました。洪水《こうずい》になっても水びたしにならなくて、でも、水がわき出るかもしれない土地を、自分でさがして買いました。まるで油田《ゆでん》ほりをしたおじいさんのように、完司さんは井戸《いど》をほりはじめます。井戸《いど》ほりは大成功でした。

あのヤナギゴケが育っていた池は、こうして完司さんがほりあてたわき水をためてできた池です。ひどい日照《ひで》りで近所の井戸《いど》がかれたときも、完司さんのわき水は、わきつづけました。

そして去年、たいへんな大雨がふったときのことです。こんなところにまで水があふれたのか、とニュースを見ていたわたしは、聞きおぼえのある地名が出てきたのにおどろいて、あわてて君《きみ》さんに電話をしました。

「それがねえ、うちのまわりだけ、水から頭を出すみたいに、ぬれずにすんだんですよ」

君さんの声を聞きながら、わたしは完司さんのゆかいそうに目をほそめる顔を思い出していました。

参考文献

『武器・兵器でわかる太平洋戦争』……太平洋戦争研究会／日本文芸社
『図説　秘話でよむ　太平洋戦争』……太平洋戦争研究会 編 森山康平 著／河出書房新社
『日本軍隊用語集』……寺田近雄／立風書房
『太平洋戦争下の学校生活』……岡野薫子／新潮社
『米軍が記録した日本空襲』……平塚柾緒／草思社
『陸軍特別攻撃隊』……モデルアート社
『神風特別攻撃隊』……モデルアート社
『日本郵船戦時船史・上』……日本郵船株式会社
『玉砕の島々』……平塚柾緒／洋泉社
『太平洋戦争写真史　グアムの戦い』……平塚柾緒／月刊沖縄社
『太平洋戦争大全　陸上戦編』……平塚柾緒 編・太平洋戦争研究会 著／ビジネス社
『南の島に眠る戦友へ　グアム帰還兵が描いた玉砕戦』……小林喜一 絵・文／小林喜一絵画集製作委員会
『明日への道　全報告グアム島孤独の28年』……横井庄一／文藝春秋
『最後の一兵　グアム島取材記者団の全記録』……毎日新聞社
『グアムに生きた二十八年　横井庄一さんの記録』……朝日新聞特派記者団／朝日新聞社

『図説　日中戦争』……太平洋戦争研究会 編 森山康平 著／河出書房新社
『図説　満州帝国』……太平洋戦争研究会／河出書房新社
『満州鉄道まぼろし旅行』……川村湊／文藝春秋
『満洲暴走　隠された構造』……安冨歩／株式会社ＫＡＤＯＫＡＷＡ
『中国東北の旅』……村山孚／徳間書店
『新装版 図説 写真で見る満州全史』……太平洋戦争研究会 編 平塚柾緒 著／河出書房新社
『日本鉄道旅行地図帳　歴史編成　満州樺太』……今尾恵介・原武史 監修／新潮社
『日本の軍装（改訂版）』……中西立太／大日本絵画
『日本陸軍の基礎知識〈昭和の生活編〉』……藤田昌雄／潮書房光人新社
『日本陸軍の基礎知識〈昭和の戦場編〉』……藤田昌雄 著 軍事法規研究会　協力／潮書房光人新社
「ＮＨＫ戦争証言アーカイブス」……https://www.nhk.or.jp/archives/shogenarchives/

越智典子　おち　のりこ

１９５９年東京生まれ。出版社勤務を経て執筆活動に入る。おもな作品に、『ここにも、こけが…』『ピリカ、おかあさんへの旅』「ラビントットと空の魚」シリーズ（福音館書店）、『いのちのなぞ』（上下巻／朔北社）、『てりふり山の染めものや』『ツーティのうんちはどこいった？』『おふとんのくにのこびとたち』（偕成社）など、おもな訳書に『サルってさいこう！』（偕成社）、『いろいろ いっぱい』（ゴブリン書房）、『アラビア数学奇譚』（白揚社）などがある。

コルシカ

１９８３年東京都中野区生まれ。２０１０年よりイラストレーター、漫画家として活動開始。日本デザイナー学院グラフィックデザイン科２部卒。美学校「絵と美と画と術」第七期生。

取材協力　渡辺君
安部三博（Frontier Tours GUAM）

方言協力　熊谷美恵子
団塚薫

完司さんの戦争

2020年8月　1刷
2023年4月　3刷

越智典子　文
コルシカ　絵・漫画

発行者　今村正樹
発行所　偕成社
〒162-8450 東京都新宿区市谷砂土原町 3-5
Tel:03-3260-3221（販売） 03-3260-3229（編集）
https://www.kaiseisha.co.jp/

校閲　鷗来堂
印刷・製本　中央精版印刷

NDC916 199P. 22cm ISBN978-4-03-645110-4

Published by KAISEI-SHA. Printed in Japan.

乱丁本・落丁本はおとりかえいたします。

本のご注文は電話・ファックスまたはEメールでお受けしています。

Tel:03-3260-3221　Fax:03-3260-3222　e-mail:sales@kaiseisha.co.jp